Praktischer Leitfaden für Kriminalistische Tatbestandsaufnahmen

---

Für Kriminal- und Sicherheitsbeamte

herausgegeben von

WILHELM POLZER
Polizeikommissär in Wien

3. gänzlich umgearbeitete und wesentlich vermehrte Auflage

1921

München, Berlin, Leipzig
J. Schweitzer Verlag (Arthur Sellier)

Dr. F. P. Datterer & Cie. Freising-München.

DEM GEDENKEN
MEINES UNVERGESSLICHEN LEHRERS,

WEILAND DR. HANS GROSS,
UNIVERSITÄTSPROFESSORS IN GRAZ,

GEWIDMET.

Vorwort zur 3. Auflage.

Als ich in der ersten Auflage meines „Leitfadens“, die im Jahre 1918 der Öffentlichkeit übergeben wurde, zum Schlusse schrieb: „Gelingt es diesem in schwerer Zeit in die Welt gehenden Büchlein auf Grund seines Inhaltes wohlwollende Aufnahme und möglichst viele Freunde zu finden, so ist der Zweck des Büchleins und der Wunsch seines Verfassers erreicht“, durfte ich keineswegs hoffen, daß dieser Behelf in so kurzer Zeit so günstige Aufnahme und so große Verbreitung finden wird: Die erste Auflage war schon wenige Wochen nach dem Erscheinen abgesetzt; die ihr unmittelbar folgende zweite war trotz des den Bücherabsatz allgemein schwer schädigenden politischen Umsturzes wider Erwarten rasch und völlig vergriffen, sodaß nun bereits die 3. Auflage nötig wurde. Daß diese erst jetzt der Öffentlichkeit übergeben wird, mag damit entschuldigt sein, daß der Stoff — wie ein auch nur flüchtiger Blick auf das gegebene Inhaltsverzeichnis erkennen läßt — im Interesse der Sache eine völlige Umarbeitung und bedeutende Vermehrung erfuhr, sodaß die nun vorliegende 3. Auflage als gänzlich umgearbeitet und wesentlich vermehrt bezeichnet werden muß. Namentlich ist es der gerichtlich-medizinische Abschnitt, der völlig umgestaltet und den praktischen Bedürfnissen des auf dem Tatort tätigen Beamten möglichst angepaßt wurde; aber auch der rein kriminalistische Teil erhielt eine Reihe von Erweiterungen. *Trotz dieser wesentlichen Umänderungen bleibt der „Leitfaden“ was er war: Der praktische Ratgeber auf dem Tatort;* ja ich darf vielleicht hoffen, daß er in der neuen Form noch mehr Freunde finden wird, weil Vieles besser gesagt werden konnte.

Schließlich danke ich ergebenst der Kritik des In- und Auslandes, welche in einer großen Anzahl von Besprechungen in fachwissenschaftlichen Zeitschriften wie in Tagesblättern den „Leitfaden" auf das Wohlwollendste aufnahm, allen Behörden und Freunden dieses Behelfes, welche in so kurzer Zeit nunmehr schon die 3. Auflage nötig machten, allen, die mich bei der Neubearbeitung mit Ratschlägen unterstützten, darunter in erster Linie Herrn Hofrat, Universitätsprofessor in Graz, *Dr. Julius Kratter*. Dem Herrn Verleger sei für die schöne Ausstattung des Buches und den angenehmen Druck gleichfalls bestens gedankt.

Graz, Weihnachten 1920.

Der Verfasser.

Inhaltsverzeichnis

Einleitung.

Der „Leitfaden" verfolgt — wie ich schon in den früheren Auflagen betonte — den Zweck, dem auf dem Tatort, d. h. außerhalb der Amtsstube beruflich tätigen Kriminal- und Sicherheitsbeamten in allen dort an ihn herantretenden Aufgaben ein verläßlicher, rasch unterrichtender Berater und Führer zu sein.

Gerade die Durchführung einer solchen auswärtigen Amtshandlung ist bekanntlich von sehr vielen, von allen Seiten einstürmenden und verlockenden Ablenkungen fortwährend bedroht, die Möglichkeit, auf dem Tatorte zu „entgleisen", ist auf Schritt und Tritt gegeben, da man in den meisten Fällen, wenigstens anfangs, niemanden zur Seite hat, den man befragen könnte und doch auch kein dickbändiges Werk mitschleppen kann, aus dem man sich Rat erholen möchte. Da soll der „Leitfaden" einsetzen und die benötigte Richtschnur bilden, ohne dem erfahrenen Beamten Belehrung aufdrängen zu wollen oder einem auf kriminalistischem Gebiet noch unerfahrenen Beamten Ersatz für das unbedingt erforderliche, entsprechende Eindringen in den einschlägigen Stoff bieten zu können: Ersteres ist ebensowenig beabsichtigt, wie letzteres möglich.

Des Büchleins Inhalt, welcher durch seinen Zweck bestimmt und begrenzt ist, wurde unter tunlichster Ausschaltung von Fremdwörtern möglichst übersichtlich und „mundgerecht" dargestellt, da klare und kurze Form dem Zweck allein entspricht. Ein Großteil des hier nötigen Stoffes mußte aus dem Gebiete der gerichtlichen Medizin entlehnt werden; die geeignetste Quelle schien mir schließlich das anerkannt vorzügliche *„Lehrbuch der gericht-*

*lichen Medizin"**) von Hofrat Universitäts-Professor *Dr. Julius Kratter,* welches ich der Bearbeitung dieses Teiles zugrunde legte.

Noch ein Wort über den Gebrauch dieses Behelfes: Der „Leitfaden" soll immer und immer wieder aufmerksam gelesen werden, bis man mit dem Inhalt völlig vertraut ist; so erfährt man, was er enthält und vermag das Gewünschte gegebenenfalls sofort zu finden; das ausführliche Inhalts- und Sachverzeichnis wird das Suchen wesentlich erleichtern.

Der „Leitfaden" ist in erster Linie als Behelf für den nicht rechtsgelehrten Kriminal- und Sicherheitsbeamten gedacht, der in den meisten Fällen zuerst auf den Tatort kommt und mitunter folgenschwere Verfügungen treffen soll; er wird nicht minder aber auch dem Kriminaljuristen (Untersuchungsrichter, Polizeikommissär) sowie dem Gerichts- und Polizeiarzt gute Dienste leisten können.

Wer aber alle Kenntnisse und Fertigkeiten, welche der Kriminaldienst erfordert, vom praktischen Gesichtspunkt aus betrachtet und so dargestellt, zur Hand haben will, der sei auf mein im selben Verlag soeben erschienenes *„Handbuch für den praktischen Kriminaldienst"* verwiesen, ein Werk, von dem die bisherige Kritik übereinstimmend sagt, daß es „einzig in seiner Art und daher für jeden Kriminalisten unentbehrlich" ist.

---

*) Verlag von Ferdinand Enke, Stuttgart.

ALLGEMEINER TEIL.

1. Abschnitt.

Das Vorgehen auf dem Tatorte.

1. Allgemeine Anleitungen zur Klarstellung des Sachverhaltes.[1])

1. Sobald ein Sachverhalt zur behördlichen Kenntnis gelangt, zu dessen Klarstellung „von Amtswegen" eingeschritten werden muß, hat der Kriminalbeamte sofort *„auszurücken"*, d. h. sich unverzüglich und auf dem kürzesten Wege nach dem Tatort zu begeben, und die sogen. *„Ausrückungstasche"*[2]) *mitzunehmen. Vor dem Weggehen* ist auf

---

[1]) Diese „Allgemeinen Anleitungen zur Klarstellung des Sachverhaltes" haben für alle Tatbestände, an deren Erforschung der Kriminalbeamte mitzuwirken hat, Geltung, weshalb sie als Richtlinien stets im Auge behalten werden sollen; sie sind inhaltlich auch möglichst „mundgerecht" abgefaßt und so aneinandergereiht, wie sie fast immer sofort gebraucht werden können.

[2]) Mit jeder Aufnahme eines Augenscheines ist ein „Ausrücken" verbunden; das Ausrücken hat aber wieder ein Amtshandeln oft weit abseits von der Amtsstube zur Folge: In solchen Fällen empfindet man erst an Ort und Stelle, wie schwer man bald das eine, bald das andere Hilfsmittel vermißt, dessen Beschaffung, wenn überhaupt möglich, dann meist mit großem Zeitverlust verbunden ist, und schließlich hat man doch nicht das, was man für solche Fälle immer braucht. Es empfiehlt sich daher auf das Dringendste die Anschaffung einer „Ausrückungstasche", die, mit dem nötigen Inhalt versehen und nach jedem Gebrauch sofort wieder ergänzt, stets unschätzbare Dienste leisten wird.

Die Größe dieser Tasche — wie eine solche zuerst von Prof. Groß in seinem „Handbuch für Untersuchungsrichter" empfohlen wurde — ist durch ihren

jeden Fall *dem Vorgesetzten* oder seinem Stellvertreter kurz zu *berichten.*

Inhalt bestimmt; am zweckmäßigsten sind in diesem Falle wohl die so handlichen, sperrbaren Aktentaschen, in denen der hier nötige Inhalt von jedem Taschner geschickt und fest angebracht werden kann.

Diese Tasche soll nachstehende Gegenstände enthalten:

A. Zum Zurechtfinden (Orientieren):

1. Einen Stadtplan, (wenn ein solcher von dem Ort, in dem der Beamte Dienst tut, besteht);

2. eine geographische Übersichtskarte (auf welcher der betreffende Bezirk und seine Umgebung in möglichst großem Maßstab dargestellt ist);

3. einen guten Kompaß.

B. Zum Schreiben und Zeichnen (vgl. auch den Abschnitt: „Zeichnen“, S. 46):

1. Etwa 20 Bogen glattes Schreibpapier (weder gerollt, noch gefaltet) in Kanzleiformat;

2. einen Maßstab;

3. Zeichenpapier mit m/m-Einteilung;

4. etwa 5 Bogen weißes Seidenpapier (teils als Pauspapier verwendbar, teils zur Herstellung von sogen. Abklatschen; Näheres S. 51);

5. ebensoviel (weißes) Lösch- oder Fitrierpapier (auch zum Aufsaugen geringer, aber möglicherweise wichtiger Flüssigkeiten);

6. ein Fläschchen gute Tinte;

7. mehrere verschiedenartige Federn bester Gattung, mit denen ein rasches Schreiben möglich ist, samt verschiedenen der Gewohnheit eines Schreibers angepaßten Federstielen; womöglich aber die vorzügliche Heidelberger „Kaweco“-Füllfeder, die nicht genug empfohlen werden kann.

8. einige gute Bleistifte (Graphit- und Farbstifte) mit Spitzenschützern;

9. ein weiches und ein hartes Radiergummi bester Gattung.

C. Zum Spurensuchen und -abnehmen:

1. Eine möglichst gute, verläßliche (elektrische) Lampe mit entsprechendem Zugehör;

2. eine Schachtel Zündhölzchen;

3. eine stark vergrößernde Lupe.

4. Die zum Abnehmen von Fingerabdruckspuren (Schneidersches Verfahren) nötigen Gebrauchsgegenstände (werden vom Erzeuger, Polizeiphotograph Rudolf Schneider, Wien, IX., Elisabethpromenade 7, bereits in einer Schachtel geliefert).

5. Zum Abnehmen sonstiger Spuren (vgl. den Abschnitt S. 57 ff.):

2. *Nicht nervös, sondern ruhig und zielbewußt vorgehen und ebenso anordnen,* Ordnung in allen Dingen bewahren und *für alle Vorgänge Augen und Ohren offen haben!*

3. Am Tatorte angelangt, etwaige sichtlich bloß neugierige und an dem Sachverhalt ganz unbeteiligte Personen, *Zuschauer, zum Fortgehen auffordern* und den für die Durchführung der Amtshandlung augenscheinlich in Betracht kommenden *Platz* in möglichst

---

a) 2 Blechgefäße (zu je ½ kg Inhalt) mit sogen. Alabastergips;
b) 2—3 dicke Stearinkerzen;
c) etwa ein ½ kg Tischlerleim in Tafelform;
d) ebensoviel Stangenschwefel;
e) ein niedriges Gefäß (wie es zum Zubereiten des Gipsbreies, zum Leimkochen, zum Schwefelschmelzen verwendbar ist);
f) 2 kleine, weiche Pinsel;
g) ein kleines Fläschchen mit Öl;
h) ein kleines Fläschchen mit arabischem Gummi;
i) eine weiche Bürste.

D. Verschiedenes:
1. Bindzeug (je einige Meter dünnen und starken Bindfaden);
2. Siegellack mit Amtspetschaft;
3. 2—3 reine, kleine Fläschchen mit gut schließendem Stöpsel (zum Verwahren kleiner wichtiger Gegenstände u. dgl.);
4. eine Pinzette (zum Anfassen kleiner Gegenstände, die mit den Fingern nicht berührt werden sollen oder können);
5. 1 Stück Seife (zum Händewaschen nach einer bisweilen recht unappetitlichen Amtshandlung);
6. ein Desinfektionsmittel (vom Amtsarzt anzusprechen);
7. ein sogen. Universalwerkzeug.

Schließlich seien mit Prof. Groß „noch drei Dinge" erwähnt, welche der auswärts tätige Beamte stets bei sich haben muß:
1. Eine verläßliche Taschenuhr,
2. ein gutes Taschenmesser,
3. eine unbedingt verläßliche Verteidigungswaffe; als solche kann ich mit Prof. Groß nur die belgische *„Bayard-Pistole", 9 mm,* empfehlen; Näheres S. 137.

weitem Umkreis *für den weiteren Zutritt Unberufener absperren.*[3])

4. *Spuren,* die zweifellos oder möglicherweise mit dem Sachverhalt zusammenhängen (können), sind vorderhand, so gut es geht, vor Schädigung oder Vernichtung zu *schützen;* Näheres S. 53.

5. *Nach Überblicken der Sachlage trachten,* durch etwaige Erstdazugekommene und sonstige Auskunftspersonen rasch und möglichst sicher *sich über den Hergang* des scheinbar vorliegenden Tatbestandes *klar zu werden* und durch Befragen festzustellen, ob und welche Veränderungen sie auf dem Tatorte vielleicht schon vor dem Eintreffen der Behörde vorgenommen haben, (ob sie vielleicht dabei auch Fuß- und Fingerabdruckspuren erzeugt haben [konnten], wer dies tat und warum dies geschah.[4])

6. *Auskunftspersonen ersuchen,* einerseits vor Schluß der Amtshandlung *nicht wegzugehen* (da sie möglicherweise noch für eine weitere Auskunft benötigt werden können); andrerseits *sich über das Vorgefallene wenigstens augenblicklich nicht zu besprechen.*[5]) Da unter diesen Leuten vielleicht auch

---

[3]) *Wenn der Beamte aus irgend welchem Grunde gegebenenfalls nicht sicher und geschickt amtshandeln könnte, dann lasse er lieber alles stehen und liegen, trachte, daß am Tatorte nichts verändert werden könne und verständige unverzüglich seine vorgesetzte Stelle* — es ist dies noch immer unvergleichlich besser, als ungeschicktes Vorgehen, wodurch der Erfolg der Amtshandlung vielleicht ganz zunichte gemacht werden kann.

[4]) Z. B. es wird ein Erschossener vom Blut bereits gereinigt und im Bette vorgefunden; da wäre zu fragen, in welcher Stellung er angetroffen wurde, wer ihn abgewaschen und zu Bett gebracht hat, weshalb man dies tat, wo überall sich Blut befand, ob sichtlich viel oder wenig Blut vorhanden war, usw., usw., kurz, wie es aussah, als der Erste dazukam.

[5]) Mit dem Reden über den „Fall" entsteht nämlich arge Verwirrung, sodaß schließlich Niemand mehr weiß, was er selbst wahrgenommen hat, was er sich über die Sache gedacht und was er von anderen darüber erfahren hat und daher Alles durcheinander bringt.

Mitschuldige sein können, soll der Beamte nach Möglichkeit auch dafür Sorge tragen, daß scheinbar harmlose und unauffällige Verständigungsversuche (z. B. ein Zuwinken, Zuflüstern od. dgl.) unterbleiben.

7. Als *Richtschnur* für die Durchführung der Amtshandlung stets an *„die sieben goldenen W des Kriminalisten"* (d. i.: *„wer?", „was?", „wie?", „wo?", „wann?", „womit?", „warum?")* denken und ehrlich, d. h. wenn auch mit Mühe und Zeitverlust, *bestrebt sein, auf jede dieser sieben Fragen möglichst erschöpfende Antwort zu finden;* auf diese Weise wird nicht nur ein anfangs vielleicht verwickelt erscheinender Sachverhalt bald geklärt, in Unsicheres bald ein festes Gerippe hineingebracht, sondern auch Wesentliches niemals übersehen werden können.

8. *Durch Einflüsterungen und Bekräftigungen* wohl immer vorhandener, sich vordrängender, namentlich unbekannter Leute *sich nicht irremachen lassen,* ohne solche wieder von vornherein barsch wegzuweisen oder ganz zu überhören: Im Gegenteil, ihnen — aber für sie selbst unmerklich — besondere Aufmerksamkeit zuwenden, da sie erfahrungsgemäß an dem Vorfall irgendwie beteiligt sein können (als eigentliche Täter oder Mithelfer) und die behördlichen Erhebungen vom richtigen Wege abzudrängen suchen. *Dabei stets gut aufmerken, was solche Leute bei ihrer Schilderung besonders hervorheben und was sie übergehen: Das besonders Betonte wird vorsichtig aufzunehmen, dem ängstlich Verschwiegenen oder nur flüchtig Erwähnten wird entsprechend nachzugehen sein.*[6])

9. *Keine übereilte Äußerung* nach dieser oder jener Richtung *fallen lassen,* da man dadurch sich selbst und andere beeinflußt (und vielleicht gleich

[6]) Personen, welche sich in dieser Weise aufdrängen, verstehen es nämlich leider nur zu gut, sich den „imponierenden" Anschein verläßlicher, einwandfreier Leute zu geben.

darauf — und dann in sehr beschämender Weise — gezwungen ist, die eben geäußerte Ansicht offen zurückzunehmen).

10. Zwar stets höflich und menschenfreundlich, *nötigenfalls aber auch tatkräftig auftreten und sich für keinen Fall in Vertraulichkeiten mit der Bevölkerung einlassen!*

11. Wenn Auskunftspersonen überhaupt nicht vorhanden sind, oder die von solchen Leuten über den Sachverhalt gemachten Angaben überprüft werden müssen, dann sich *den Hergang stets auf die natürlichste, einfachste, naheliegendste Weise zu erklären suchen, den vorgefundenen Tatbestand eingehend und immer wieder von neuem betrachten und schrittweise, d. h. wie eine Teilhandlung der andern gefolgt sein muß, in den Hergang sich so recht hineindenken, überlegen und sich lebhaft vorstellen, wie es sich im gegebenen Falle nacheinander zugetragen haben mag und muß.*

12. *Stets von vornherein die beiden Möglichkeiten bedenken und im Auge behalten: Der Tatbestand kann*

a) *wirklich so sein, wie er vorgefunden wurde* (es kann z. B. ein erhängt aufgefundener Mann sich wirklich in Selbstmordabsicht erhängt haben, einem Anzeiger das anvertraute Geld tatsächlich gestohlen worden, ein Brand wirklich durch Blitzschlag entstanden sein),

b) *aber auch vorgetäuscht (= maskiert) und möglicherweise eine dritte Hand im Spiele sein* (es kann der erhängt Aufgefundene vorher gewaltsam ums Leben gebracht [vergiftet, erdrosselt, erstochen] und dann, um Selbstmord vorzutäuschen, aufgehängt, der angeblich Bestohlene das ihm anvertraute Geld durchgebracht, der Brand in dem Hause absichtlich gelegt worden sein usw.).

Erst bis entweder bloß das eine oder bloß das andere zweifellos festgestellt und bewiesen ist, darf und kann man die andere Möglichkeit auflassen und auf dem sichern einen Weg weiterarbeiten!

13. Hat man auf diese Weise den Sachverhalt nun zergliedert und doch übersichtlich vor sich, wird man sich auch darüber im klaren sein, *ob fremdes Verschulden zweifellos ausgeschlossen, möglich, oder bestimmt anzunehmen ist.* Ist man soweit gekommen, *dann ist der eigenen vorgesetzten Stelle abermals u. zw. auf dem kürzesten Wege Meldung zu erstatten* und etwaige weitere Weisung einzuholen. Der nicht juridisch geschulte Kriminalbeamte darf auf eigene Verantwortung nur bei Gefahr im Verzuge u. zw. nur die ihm unaufschiebbar scheinenden Maßnahmen treffen.

14. Tritt (vielleicht auf Grund dieser Meldung an die vorgesetzte Stelle) nunmehr ein *Wechsel in der Person des erhebenden Beamten noch vor Beendigung der Tatbestandsaufnahme ein* (z. B. dadurch, *daß ein Vorgesetzter erscheint,* die Amtshandlung übernimmt und weiterführt), so ist diesem das bisher Wahrgenommene samt den eigenen Vermutungen erschöpfend genau zur Kenntnis zu bringen und auch anzugeben, was bisher etwa auf eigene Verantwortung verfügt wurde; ein dabei vielleicht begangener *Fehler,* der im Dienste der Sache nicht verheimlicht werden darf, ist bei dieser Gelegenheit *unbedingt* und hier am leichtesten *einzugestehen.*

15. Da fast mit jedem Tatbestand, an dessen Feststellung ein Polizeibeamter mitwirkt, später eine (Zivil- oder Strafgerichts-) Behörde zu tun bekommt, ist es zur recht deutlichen Veranschaulichung desselben *immer wünschenswert, ja bisweilen sogar unumgänglich notwendig, daß der Tatbestand photographiert oder doch wenigstens skizziert, gezeichnet wird.* (Ein Bild prägt sich dem Beschauer erfahrungsgemäß in wenigen Augenblicken weit besser dem Gedächtnis ein, als eine noch so sorgfältige

und darum gerade umständliche Beschreibung es vermag). Was noch besonders wichtig ist oder wichtig werden kann, soll außerdem noch abgesondert photographiert oder wenigstens skizziert, gezeichnet werden, (z. B. die Körperstelle mit der Schußwunde, Strangfurche usw.). Vom Tatbestande sollen — in wichtigen Fällen mehrere, sonst zwei — Abbildungen angefertigt werden, da man im voraus nicht wissen kann, welchem Bilde später größere Bedeutung zukommen wird. *Von diesen Bildern sollen die einen die Sachlage so zeigen, wie sie von der Behörde angetroffen wurde, die andern aber die ursprüngliche Situation, wie sie die Erstdazugekommenen gefunden haben;* Näheres über Photographieren und Zeichnen S. 46.

16. *Etwaige Veränderungen auf dem Tatort nur wenn unbedingt nötig und erst dann vornehmen, wenn der angetroffene Tatbestand bereits genau festgehalten ist! Nicht zwecklos herumtreten!*

17. Stets ist der *Tatort und seine Umgebung in möglichst großem Umkreis nach allerhand Spuren und sonstigen zurückgebliebenen Gegenständen,* auch zerrissenen Papierstückchen[7]) (auf dem Lande insbesondere auch nach sog. „Zinken")[8]) od. dgl., die mit dem betreffenden Sachverhalt im Zusammenhange stehen (können), *genau abzusuchen;* vgl. auch den Abschnitt: „Hausdurchsuchung", S. 13.

---

[7]) Die — später entsprechend zusammengesetzt — wichtige Mitteilungen zur Aufklärung des Tatbestandes enthalten können.

[8]) Solche „Zinken" (die zum Glück dem Aussterben entgegengehen), finden sich vorzugsweise auf dem Lande und insbesondere aut vereinzelt stehenden Gebäuden, Mauerresten, Bildstöcken usw. Sie sehen größtenteils aus wie von Kinderhand mit Kreide, Kohle u. dgl. gemachte Zeichnungen, (wie letztere auf Mauern, Bretterwänden, im Schnee, Sand, Staub zu finden sind) und stellen bald durchkreuzte, leere, einzelne oder aneinander gereihte Kreise, bald Dreiecke, bald Vierecke dar, bald eine Anzahl Striche in Gitterform, bald ein Zickzack, ähnlich einer Reihe aneinandergestellter V usw., Pfeile mit dabei befindlichen Ziffern usw. usw.

Im Auffindungsfalle ist der vorgesetzten Stelle unverzüglich davon zu berichten und inzwischen darauf zu sehen, daß diese Zeichnung durch dritte Personen oder Witterungseinflüsse nicht zerstört werden kann, (vgl. „Sichern von Spuren“, S. 53).

18. Mitunter wird *auch auf einen Umstand, der gegebenenfalls n i c h t vorhanden ist, in ähnlichen Fällen aber vorkommt, besonders zu achten sein,* schon damit nicht der Anschein erweckt werde, als ob etwas übersehen wurde (z. B. „An ... sind k e i n e r l e i Spuren“, oder: „In Fläschchen, Gläsern u. dgl. sind k e i n e r l e i Giftreste vorhanden“ usw.).

19. *Wenn ein Polizeihund wirksam angesetzt werden kann, soll dies nie verabsäumt werden.*[9])

20. *Stets, wo möglich am Tatort selbst, auch feststellen trachten:*

a) Etwaige *Täter* (falls fremdes Verschulden als möglich oder zweifellos anzunehmen ist);

b) bei Eigentumsvergehen: *Schadenshöhe, Wert des betreffenden Gegenstandes,* (wann, wo, von wem, unter welchen Verhältnissen und zu welchem Preis erworben, wie viel zur Zeit der Beschädigung, Vernichtung wert gewesen, [Liebhaberwert?] usw.).

c) *Beweggrund (Motiv) der Tat* (weil mitunter völlige Aufklärung bringend).

21. *In jeder Meldung stets ausdrücklich betonen und auseinanderhalten, was auf eigener Wahrnehmung beruht,* (was man also z. B. s e l b s t gehört und gesehen hat usw.) *und was man als* (augenblicklich

---

[9]) Er wird besonders auf dem L a n d e, wo der Täter fast nie ein Verkehrsmittel zur Verfügung hat und den Weg vom Tatort aus in oft sehr aufnahmsfähigem (weil staubigem, kotigem, schneebedecktem) Boden z u F u ß zurücklegt, n a m e n t l i c h e i n e n o c h f r i s c h e S p u r, b e s o n d e r s b e i k ü h l e r, f e u c h t e r W i t t e r u n g mit Erfolg ausarbeiten können. Wenn der Hund eine bereits aufgenommene Spur etwa plötzlich „v e r b e l l t“, wird die Annahme, daß der Täter von da aus ein Verkehrsmittel (Wagen, Fahrrad) benützt hat, wohl gerechtfertigt und an den eigenartigen letzten Fuß-, angrenzenden Radspuren zu erweisen sein.

nicht überprüfbare) *Angabe dritter Personen,* deren Vertrauenswürdigkeit angegeben werden muß, *übernommen hat.*

22. *Bei größeren Unfällen womöglich gleich vom Anfang an Sachverständige beiziehen und das Vorgehen* (im Betrieb) verantwortlicher Personen, welche erklären, an dem vorhandenen Tatbestand aus angeblich triftigen Gründen (sogen. „unaufschiebbare Sicherungsarbeiten“) Änderungen vornehmen zu müssen, *genau überwachen und aufmerken, daß ja nichts beiseitegebracht, verräumt oder sonstwie verheimlicht oder bemäntelt werden kann.*

23. *Geschädigte und sonstige Auskunftspersonen genauestens befragen, ob sie einen Verdacht* nach dieser oder jener Richtung *äußern können* (z. B. außergewöhnliche Besuche, Begegnungen, Vorfälle u. dgl., die scheinbar „harmlos und mit der Sache sicherlich in keinerlei Beziehung stehen“) *und worauf sich dieser stützt.*

24. *Bei verhafteten Personen muß man stets und unverzüglich feststellen (lassen), ob ihre Zurechnungsfähigkeit etwa durch den Genuß geistiger Getränke beeinträchtigt ist und ob ihr Körper* — wie sie oft behaupten — durch Erstangriffe des Gegners tatsächlich *Verletzungen aufweist;* es ist nämlich eine bekannte leider viel zu wenig gewürdigte Erfahrungstatsache, daß sich der Beschuldigte vor Gericht nur zu oft auf (strafausschließende oder strafmildernde) Trunkenheit oder Notwehr auszureden versucht und ist ein behördlicher voller Gegenbeweis, wenn überhaupt, dann nur schwer zu erbringen.

25. *Wenn sich nach (möglichster) Klarstellung des Sachverhaltes die Sicherheit oder auch nur die Möglichkeit, der Verdacht, ergibt, daß an dem vorliegenden Tatbestand eine bestimmte* (wenn bisher auch noch nicht ausgeforschte) *oder eine noch unbekannte Person sich gegen das Strafgesetz vergangen hat, dann muß der Erhebungsakt nach Ab-*

schluß stets dem zuständigen Strafgericht unter gleichzeitiger Abführung etwaiger Beilagen, corpora delicti (Näheres S. 65), *unverzüglich übermittelt werden.*

2. Das Suchen nach verborgenen Gegenständen.[10])

1. *Persons- und Hausdurchsuchung*[11]) *darf nur in jenen Fällen vorgenommen werden, in welchen das Gesetz dazu ermächtigt.*

2. Vorerst *überlegen, ob der zu suchende Gegenstand* ohne (namhafte) Schädigung seines Wertes nicht auch verkleinerbar (zerlegbar [Waffen!], zusammenfaltbar, zusammenrollbar) ist und daher *an*

---

[10]) Sollte während dieser Amtshandlung der Verdächtigte oder einer seiner Leute „plötzlich" erkranken, dann sei auf das Seite 42 Gesagte verwiesen.

[11]) *Über alle Gegenstände, welche bei solchen Durchsuchungen als „bedenklich" beschlagnahmt wurden, ist umgehend ein genaues Verzeichnis anzulegen und dem Bearbeiter des Aktes zu übergeben.* Dabei ist auch auf *einzelne Zahlen oder Worte* (welche sich z. B. in der Taschenuhr, auf der Waffe usw., bzw. Kleidungsstücken, z. B. im Hut, auf den Schuhschlupfen usw. vorfinden), genau zu achten und Derartiges etwa folgenderweise zu vermerken: „Die beim Verhafteten beschlagnahmte Uhr hat die Fabriknummer 20 134" oder „Der Hut des Häftlings trägt die Marke ‚Hubertus'" u. dgl. *Unter Umständen kann nämlich eine solche Zahl oder ein derartiges Wort der Schlüssel zur Entzifferung von Geheimschriften sein, die unter seinen Sachen vorgefunden werden. Solche Geheimschriften,* die natürlich gleichfalls zu beschlagnahmen wären, *haben mitunter ein ganz eigenartiges, scheinbar völlig harmloses Aussehen und werden von diesfalls ungeschulten Beamten daher leider zu oft unbeachtet gelassen.* Es sei hier nur kurz angedeutet, wie solche Mitteilungen in Geheimschrift aussehen können: Z. B. eine Reihe von (fortlaufenden oder unterbrochenen) Zahlen, ein scheinbares Durcheinander von Buchstaben oder Silben, scheinbar sinnlose Worte oder Sätze, rastriertes Papier mit eingesetzten Buchstaben oder Ziffern, Papier mit ausgeschnittenen kleinen Löchern, von einer Nadel durchstochenes Papier, eigenartige Striche oder Haken (ähnlich den lateinischen Druckbuchstaben E, I, L, T, V, Z, O), Zeichnungen oder Schnörkel usw. usw.

Orten untergebracht sein kann, welche sonst, d. h. bei voller Größe des Gegenstandes, als Versteck nicht in Betracht kommen.

3. *Genauestens und planmäßig suchen, also „Alles umdrehen!"*

A. Personsdurchsuchung.

1. *Nur bei „Hände hoch!" solche Durchsuchung vornehmen,* da der Angehaltene möglicherweise eine *Waffe* bei sich haben und zur Wirkung bringen kann, oder scheinbar gerne „behilflich" ist, in Wirklichkeit aber nur zugreift, um Bedenkliches womöglich noch verschwinden zu lassen.

2. *Bedenkliches wird nicht selten auf höchst abgefeimte Art verborgen; es sind daher während der Häftling und das etwa schon zutage Geförderte womöglich noch von einem andern Beamten unausgesetzt beobachtet wird,*

a) die *Kleidertaschen auszuleeren,*

b) *Stellen der Bekleidung, an denen der Stoff doppelt liegt oder durch Futter verstärkt ist* (auch Schuh- und Hutfutter) sorgfältig *abzugreifen,*

c) auch *Körperhöhlen,* und zwar

α) bei männlichen Häftlingen: Mund, Nase, Ohren, Achselhöhlen, Spalte zwischen den Gesäßhälften und After,

β) bei weiblichen Häftlingen außerdem: Kopfhaar, Brüste (wenn sie hängend sind) und Scheide einer entsprechenden Untersuchung zu unterziehen,[12])

d) *dabei etwa zutage kommende Zettel,* gleichgültig ob beschrieben, bedruckt, mit Zeichnungen versehen, *haben immer große Bedeutung, da ihr Inhalt zum Träger stets in gewisser Beziehung steht,*

---

[12]) Fremdkörper aus natürlichen Öffnungen, Körperhöhlen, nur dann selbst entfernen, wenn dies leicht und sicher geschehen kann; sonst lieber die selbst späte Ankunft des Arztes abwarten!

deren Aufklärung mit einem Male Licht in die Sache bringen kann; vgl. auch die Anmerkung [11]) S. 11.

Gegenstände, welche nicht einwandfreier Herkunft sind, werden ferner nicht selten

e) zu *Verwandten und Bekannten* des Angehaltenen verschleppt,

f) *offen als solche verpfändet*[13]), oder

g) *in einem andern Gegenstand verborgen und so verpfändet*[14]),

h) *in sichtlich anderer Verpackung und falscher Bezeichnung* mit der Post oder Bahn *weggeschickt,* in Lagerräume *eingestellt*[15]),

i) *zu berufsmäßigen Hehlern gebracht und dort unkenntlich gemacht* usw.

Es werden demnach die angegebenen Richtlinien weiter zu verfolgen sein.

B. Hausdurchsuchung.

1. Durchsuchung von gedeckten Räumlichkeiten.

Hier anzugeben, wo überall Sachen versteckt sein können, wäre natürlich gänzlich ausgeschlossen; erwähnt sei nur, *daß Gegenstände nicht selten* „frech" versteckt, d. h. sozusagen *offen vor den Augen liegen,* wobei der Verstecker damit rechnet, daß die Behörde ein „so einfaches" Versteck gar nicht näher untersuchen werde und — meistens recht hat; daher sei nochmals betont: *„Alles umdrehen!"*, (aber nicht unnötig beschädigen!).

1. Stets ist *auf das Gehaben desjenigen zu achten, in dessen Räumlichkeiten eine Hausdurchsuchung vorgenommen wird* und der den *„Anführer"*

---

[13]) *Pfandscheine sind immer sehr wichtig!*

[14]) Z. B. es werden Kleider verpfändet, in welchen Banknoten oder gar die eigentlichen Versatzscheine eingenäht sind.

[15]) Z. B. eine entwendete Schreibmaschine wäre in einer wesentlich größeren Kiste verpackt und unter der Inhaltsangabe „Nähmaschinenbestandteile" eingestellt.

spielt; (denn er sucht naturgemäß noch im letzten Augenblick Belastendes zu beseitigen und ist in seinem Benehmen plötzlich anders, wenn der Beamte [noch unbewußt] beim Orte des Versteckes angelangt ist).

2. Einiges sei hervorgehoben:

a) *Bilder*, auch sogen. *„blinde" Kamintüren*, sind bisweilen das Deckblatt für Verstecke im Mauerwerk,

b) *eine hohlklingende Stelle, ein frischer Verputz* u. dgl. ist bedenklich und näher zu untersuchen,

c) *kürzlich ausgehobene Fußbodenteile* sind an Werkzeugspuren, Mangel an Fugenschmutz und vielleicht auch Beweglichkeit als solche erkennbar; vgl. auch die im folgenden genannte „Wasserprobe",

d) auch *Öfen*[16]), *Aborte, Gefäße* mit zugestellter oder auch bereits fertiggestellter Mahlzeit, auch solche mit unreinem Inhalt, schmutzige *Fetzen* usw. sind ebenfalls zu durchsuchen, denn sie können erfahrungsgemäß ebenso als Verstecke in Betracht kommen, wie z. B. die *Lagerstätte* (anscheinend oder wirklich) kranker Familienmitglieder, *die Schublade eines Vogelhäuschens* oder die *Windel,* die das neugeborne Kind um den Leib trägt.

2. Durchsuchung im Freien.

1. *Dürfte etwas an einer bestimmten Stelle vergraben sein, dann gieße man Wasser darüber:* Nimmt

---

16) *Dem Ofen ist immer besonderes Augenmerk zuzuwenden,* da stets mit der Möglichkeit gerechnet werden muß, daß seitens des Täters oder seiner Mithelfer *Gegenstände,* welche zur Straftat in Beziehung stehen (können), *verbrannt* worden sind; es muß daher, um zu retten, was noch zu retten ist, der Luftzug sofort unterbrochen werden (dies geschieht bei älteren Öfen durch Einschieben der in diesem noch eingebauten Klappe und durch sorgfältiges Schließen des Ofentürls); erst wenn der Ofen ausgekühlt und daher nicht mehr zu befürchten ist, daß etwa darin befindliche halbverkohlte Papiere durch plötzlichen Luftzug wieder zu brennen anfangen könnten, darf das Ofentürl geöffnet werden. (*Verkohltes Papier* dürfte natürlich nur durch einen Sachkundigen herausgenommen und verwertet werden.)

der Boden das Wasser bei gleichzeitiger Luftblasenbildung begierig auf, dann ist dortselbst u. zw. erst kürzlich gegraben worden; diese *„Wasserprobe"* bewährt sich auch dann, wenn es sich darum handelt, ob ein Teil einer Pflasterung oder eines Fußbodens kürzlich ausgehoben wurde.

2. Gleichfalls bedenklich muß ein Stück *Erdreich* erscheinen, *welches von der Umgebung irgendwie absticht* (z. B. eingesunken, gewölbt und biegsam, zertreten, von anderer Farbe ist u. dgl.).

3. *(Natürliche) Höhlungen* in Bäumen und in der Erde, Steinhaufen, Felsspalten u. dgl. sind erfahrungsgemäß (namentlich für Wilderer) beliebte Verstecke.

4. Handelt es sich um das *Aufsuchen von zerstreuten kleinen Gegenständen* (z. B. zerrissenes Papier), dann müssen die Sucher schwarmlinienähnlich vorgehen, um nichts zu übersehen; hiezu kann (besonders auf dem Land) auch eine Schulkinderschar mit wohl bester Aussicht auf Erfolg herangezogen werden.

5. *Wenn auch nur die Möglichkeit besteht, daß das Ansetzen eines Polizeihundes Erfolg haben könnte, darf dies nie verabsäumt werden;* Näheres S. 9.

---

2. Abschnitt.

Die Ausforschung und Überweisung des Täters.

1. Ausforschung.

Erst wenn der Sachverhalt nach Möglichkeit geklärt ist — Näheres darüber im vorhergehenden Abschnitt — kann man der Frage näher treten, wer die Tat verübt haben dürfte. Diesfalls kommen teils allgemein geltende, teils bestimmte Richtlinien in

Betracht; auf erstere ist nachstehend eingegangen, letztere sind im Besonderen Teil im unmittelbaren Anschluß an die betreffende Straftat behandelt.

Allgemeine Richtlinien.

Oberster Grundsatz sei: Je schwerer die verübte strafbare Tat ist, desto umfassender müssen die Maßregeln für die Ausforschung des Täters getroffen werden!

1. Der altbewährte lateinische Satz: „*Fecit, cui prodest*", d. h. *als Täter kommt zunächst*[1]) *eine Person in Betracht, welcher die Tat zum Vorteil gereicht*, die nun zu verfolgen sind, angeben.

2. Die Erfahrungstatsache: „*Cherchez la femme*", d. h. *das Weib ist der Urgrund des Verbrechens, mit den meisten Verbrechen steht ein Weib irgendwie im Zusammenhang*, führt oft schon vom Anfang an auf die richtige Spur. Es kommen da folgende Möglichkeiten in Betracht:

a) Das Verbrechen ist eines Weibes wegen verübt worden (z. B. um die Geliebte zu beschenken, um ihr sonst gefällig zu sein, aus Eifersucht usw.);

b) das Verbrechen ist mit einem Weibe begangen worden (wobei die weibliche Person als Aufpasserin, Auskundschafterin u. dgl. tätig war);

c) aus dem verübten Verbrechen hat ein Weib einen Vorteil gezogen (z. B. als Hehlerin, Verkäuferin der gestohlenen Sache);

d) das Verbrechen ist auf Anraten eines Weibes begangen worden.

3. Aus dem Umstand, *ob eine Tat besonders geschickt oder sehr ungeschickt angelegt und ausgeführt wurde*, wird zu entnehmen sein, ob der Täter

---

[1]) Es könnte auch der Fall sein, daß der eigentliche Täter zur Tat gedungen wurde, auf ihn in erster Linie also keinerlei Verdacht fällt.

unter den geübten, berufsmäßigen Verbrechern oder unter noch Unbescholtenen, „Anfängern“ zu suchen sein wird.

4. Die sorgfältige Überlegung, ob gegebenenfalls aller Wahrscheinlichkeit nach *die Tat von einem einzigen Täter begangen worden sein konnte, oder ob derer unbedingt zwei oder mehrere gewesen sein müssen,* mag bisweilen einen wichtigen Fingerzeig geben.

5. *Auf dem Tatorte zurückgebliebene* (Fuß-, Fingerabdruck-, Blut-, Werkzeug- und sonstige) *Spuren* — Näheres S. 8 u. 68 — *nebst sonstigen Anhaltspunkten geschickt verwertet,* führen nicht selten binnen kurzer Zeit zur Entdeckung der Person des Schuldigen.

6. Auch geübte Verbrecher begehen nur zu oft die bekannte *„Eine große Dummheit“* und lenken damit die behördlichen Nachforschungen selbst auf ihre Spur. Worin diese „Eine große Dummheit“ besteht, läßt sich im voraus natürlich nicht sagen; es kann z. B. ein auf dem Tatort verlorenes Ausweispapier sein oder ein zurückgebliebenes Kleidungs- oder Wäschestück, dann wieder sind es bedeutende Geldausgaben, die jemanden verdächtig machen können, usw. — kurz, ein, ich möchte sagen, in die Augen springender Anhaltspunkt; *doch gibt es auch hier zwecks behördlicher Irreführung absichtliche Täuschungen,* (Näheres S. 68).

7. *Außer den besonderen Tatumständen müssen ferner auch alle, wenn noch so unbedeutend erscheinenden Nebenumstände,* selbst wenn sie, wie der Geschädigte meint, „mit der Tat sicherlich nicht im Zusammenhang stehen“ (z. B. außergewöhnliche Besuche, Begegnungen, Vorgänge usw.), *durch sorgfältiges Abfragen* — „7 goldene W“, S. 5 — *genauestens erhoben werden.*

8. Es sei auch an dieser Stelle darauf hingewiesen, daß eine *rechtzeitige Heranziehung von ge-*

gebenenfalls in Betracht kommenden erfahrenen, geschickten, arbeitsfreudigen *Sachverständigen* mit einem Schlag ungeahnte Klarheit in die Sache bringen kann; *ihrer Mithilfe soll man sich daher, wo nur irgendwie möglich, versichern!*

9. Bei größeren, in Städten verübten Kriminalfällen ist auch immer daran zu denken, daß vielleicht auch *Dienstmänner, Lohnkutscher und Freimädchen für die Aufgreifung des Täters wesentliche Mitteilungen machen können.*[2]) Auch die *Tatsache, daß Verbrecher bei Prostituierten* (auf kurze Zeit wenigstens) *Unterstand gefunden haben, soll nicht außer acht gelassen werden.*

10. Aus einschlägigen Evidenzbehelfen, Protokollen, durch Umfrage bei Berufsgenossen des eigenen wie fremder Bezirke usw. festzustellen trachten, *ob vielleicht noch weitere strafbare Handlungen auf dieselbe Weise ausgeführt wurden, so daß die Annahme gerechtfertigt wäre, sie seien von ein und demselben Täter begangen worden.* Ist dies der Fall, dann sind zweifellos mehrere Personen, (Tatzeugen) imstande, weitere Angaben zu machen, die sich in bestimmter Richtung vielleicht zur wesentlichen Handhabe verdichten.

11. Durch sorgfältige Erhebung auch *feststellen, ob möglicherweise Zigeuner als Täter in Betracht kommen.*

---

[2]) Da diese Leute einerseits viel Zeit mit Verkehrsbeobachtungen und Tratsch verbringen, sich gegenseitig meist kennen, daher, was der Eine weiß, auch der Andere bald erfährt, anderseits von Verbrechern oft unmittelbar nach der Tat zu gewissen Diensten herangezogen werden, wie z. B. Wegschaffen der unredlich erworbenen Ware, Überbringung einer Mitteilung, Wagenfahrt, um leichter entkommen zu können und schließlich — Liebesgenuß.

[3]) *Die Annahme, daß Zigeuner als Täter in Betracht kommen, wird gerechtfertigt sein, wenn:*

1. *Zigeuner* auf dem Tatort selbst oder in dessen Umkreis *gesehen* wurden;

2. die Tat *nur mit Kenntnis besonderer (ausgekundschafteter) Umstände verübt werden konnte;*

12. Wenn die bisher angegebenen Erhebungen entsprechend gepflogen wurden, wird sich die Zahl der gegebenenfalls als Täter wirklich in Betracht kommenden Personen gewiß wesentlich verringert haben, so zwar, daß es nunmehr vielleicht schon möglich sein wird, den richtigen *Namen* des oder der Betreffenden herauszubekommen: *Aus der Art*

---

3. *auf dem Tatort sichtlich „mit aller Ruhe gearbeitet“* wurde;

4. einfache aber sehr zweckmäßige, rasch anzubringende *Sicherungen der Türen vorgefunden* werden;

5. die oft lange anhaltende *durchdringende Ausdünstung der Zigeuner,* vergleichbar einem „Fettgeruch mit Mäuseduft verbunden“, wahrnehmbar ist — wie Prof. Groß in seinem „Handbuch“ sagt;

6. ein (etwa blutiger) *Angriff auf das Opfer feig,* d. h. aus dem Hinterhalt oder mit einer Mehrheit von Tätern *begangen* wurde;

7. die *Tatverübung sehr grausam* war (z. B. wiederholtes Stechen, Einhauen auf einen schon Ermordeten);

8. *das Opfer bei Zigeunern aus irgend einem Grunde gefürchtet, verhaßt war* (z. B. ein eifriger Polizei- oder Gerichtsbeamter);

9. eine (zum Kleider-, Wäsche-, Hühnerdiebstahl benützte) „*Wurfangel*“ [nach Art eines Ankers aneinander befestigte Angelhaken mit einer festen Schnur versehen] *auf dem Tatort zurückgeblieben ist, oder wenn in dessen größerer Umgebung, besonders bei Wegkreuzungen,* sichtlich eigens hingelegte und daher als *Zeichen* für ihresgleichen zu wertende Gegenstände, wie Stöcke, Ruten, Halme, Steine oder dgl., bzw. in weichem Boden eingekratzte Striche, auf Bäumen, Wegweisern usw. aufgehängte Stoffetzen zu finden sind;

10. der *Gegner* (= Zigeuner) *trotz der ihm zugefügten schweren Verletzung dennoch, u. zw. in kürzester Zeit vom Tatort entkommen ist.*

Zigeuner werden als Täter nicht in Betracht kommen, wenn:

1. *Zur Tatverübung besonderer persönlicher Mut erforderlich* war;

2. die *Tat zu sehr stürmischer Zeit begangen* wurde;

3. — bei Hausdiebstählen — die erwähnten bezeichnenden *Türsicherungen nicht vorgefunden* werden;

4. *der eigenartige Geruch* selbst bei sofort entdeckter Tat *nicht wahrnehmbar* ist;

5. *Kinder angeblich gestohlen worden* sein sollen.

und Weise der Tatverübung, aus dem sogen. „Trick", wird man in vielen Fällen schon mit mehr oder minder Sicherheit, vielleicht sogar Gewißheit sagen können, welcher von den der Behörde bereits bekannten (weil deshalb schon vorbestraften) Verbrechern die vorliegende Tat begangen haben könnte. Wenn den Tatzeugen oder sonstigen Auskunftspersonen ein *Lichtbild des (vermutlichen) Täters* (z. B. aus dem Verbrecheralbum) *behufs etwaiger Wiedererkennung vorgelegt* werden kann, mag dies unter Umständen möglicherweise rasch Entscheidung bringen; *doch sei daran erinnert, daß solchen Agnoszierungen selbst bei voller Bestimmtheit der Äußerung nicht immer ausschlaggebender Wert zukommen muß.*

13. *Wenn schon der Name des vermutlichen Täters festgestellt werden konnte, müßte* (aus entsprechenden Nachschlagbehelfen durch Umfrage bei Fachgenossen, Erhebungen bei Gerichten, Strafanstalten usw.) *verläßlich dargetan sein, ob der Betreffende zur Zeit der Tat nicht etwa in Haft war,* die Tat, deretwegen er beschuldigt wird, also nicht verübt haben konnte; *anderseits wäre auch zu bedenken, daß Personen als Täter in Betracht kommen können, welche wegen einer verübten Straftat nach dem Wortlaut des Urteils zwar noch in Haft, in Wirklichkeit aber schon wieder in Freiheit sind;* (entweder weil es ihnen gelungen ist, zu entkommen, oder weil sie die Strafe in wesentlich kürzerer Einzelhaft verbüßt haben oder weil ihnen der Rest der Strafe nachgesehen worden ist).

14. Bei schweren Verbrechen, deren Täter noch nicht ausgeforscht sind, wird sich eine *geeignete Überwachung des Tatortes* empfehlen, *da es erfahrungsgemäß den Täter nicht selten dorthin zurückzieht.*

15. Ferner werden bei größeren Straftaten *nebst entsprechender Verlautbarung* auch unmittelbar nach der Tat angesetzte geeignete *Streifungen, Über-*

wachungen der umliegenden Bahnhöfe und sonstiger Orte, an denen sich Personen zur Weiterbeförderung versammeln (Post-, Automobil-, Schiffahrtsstationen) u. dgl. Vorkehrungen nicht selten zur Aufgreifung des Täters beitragen, ja eine solche möglicherweise bewirken.

16. *Wenn trotz alledem eine augenblickliche Ermittlung des Täters nicht möglich wäre, müßte eine steckbriefähnliche, d. h. kurze, aber doch alle wesentlichen Umstände enthaltende Beschreibung des Sachverhaltes samt möglichst sicherer Beschreibung des vermutlichen Täters unverzüglich erlassen werden;* Vorlage für Personsbeschreibung S. 37.

2. Überweisung des Täters.[4])

Diese gehört aus verschiedenen Gründen zu den anerkannt schwierigsten Aufgaben des praktischen Kriminalisten; da schriftliche Anleitungen, wie diesfalls vorzugehen ist, bisher nicht gegeben waren und erfahrene ältere Berufsgenossen sich gegenüber jüngeren darüber leider fast immer „ausschweigen", seien im folgenden Richtlinien hiefür gegeben.

Die Überweisung des Täters hinsichtlich einer bestimmten Tat wird leicht sein, wenn (vertrauenswürdige) Leute, Tatzeugen (Näheres S. 18) vorhanden sind, die ihn auf frischer Tat ertappt haben oder wenn bei Persons- und Hausdurchsuchung (Näheres S. 37) Gegenstände an den Tag kommen, welche die (Mit-) Täterschaft des Betreffenden außer jeden Zweifel stellen. Derartige Begünstigungen der Sachverhaltsaufklärung sind aber eben nicht immer vorhanden und es treten Hindernisse der verschiedensten Art auf, sodaß man bisweilen nur auf Umwegen zum Ziel kommt.

---

4) Von der Erfahrungstatsache ausgehend, daß das Ergebnis eines Strafprozesses nicht selten von der Art der Einvernahme abhängt, wurde dieser Abschnitt hier etwas weiter ausgeführt.

Die Besprechung der Frage, wie beim Verhör selbst vorzugehen ist, wurde — lediglich aus beweispraktischen Gründen — in drei Gruppen geteilt, u. zw.: Allgemeines, Einvernahme der Zeugen und die des (vermutlichen) Täters.

A. Allgemeines.

1. *Der Vernehmende ist nach dem Gesetz verpflichtet, nicht nur das, was zum Nachteil des Angezeigten, sondern auch alles, was zu seiner Entlastung vorgebracht wird, völlig unparteiisch zu erheben;* denn solange noch nicht erwiesen ist, daß eine bestimmte Person eine entehrende Straftat begangen hat, muß stets auch im Auge behalten werden, daß sie unschuldig sein kann; einem tatsächlich Unschuldigen aber den ehrlichen Namen zurückzugeben, sei, weil die ehrenvollste Tat, das höchste Ziel jedes praktisch tätigen Kriminalisten!

2. *Bevor mit der Einvernahme begonnen wird, muß man über das, was ihre Grundlage bildet, vollständig unterrichtet sein,* (denn nichts ist Parteien gegenüber so kläglich und der Sache selbst so nachteilig, als fortwährendes Nachblättern in den Akten oder mündliche Wiederholung des schon Bekannten).

3. *Als Fragegerippe* sich stets *„die 7 W des Kriminalisten"* (Näheres S. 5), *vor Augen halten und sich vom vorgezeichneten Weg nicht abbringen lassen!*

4. *Verdachtsgründe sind,* bevor sie zur Grundlage vielleicht folgenschwerer Verfügungen gemacht werden, *stets auf ihre Stichhältigkeit zu prüfen!*

5. Zeugen (und Täter) *unverzüglich einvernehmen;* Näheres S. 23 u. 24.

6. *Stets bedenken, daß Zeugenaussagen nicht immer ein ausschlaggebender Wert zukommen muß, denn der Zeuge kann auch falsch aussagen u. zw.:*

a) *absichtlich* (weil er von dem Ausgang des Prozesses irgendeinen Vorteil oder Schaden für sich erwartet) *oder*

b) *unabsichtlich* (weil er z. B. infolge Furcht, Schreck, schwach entwickelter geistiger Fähigkeiten, der durch eingetretene Geschlechtsreife bedingten Gemütsverfassung usw. unrichtig wahrnahm oder ihm hinterbrachte falsche Angaben als wahr hielt und so weitergab).

7. Etwaige *Widersprüche unter den Aussagen der Einvernommenen sollen nach Möglichkeit aufgeklärt werden, selbst wenn viel Zeit und Mühe damit verginge* — der Erfolg wird dies lohnen!

8. *Stets soll*, um eine möglichst sichere Grundlage für weitere Verfügungen zu haben, *womöglich auch das persönliche Verhältnis zwischen Anzeiger und Angezeigtem und auch des Anzeigers Leumund erhoben werden.*[5])

9. *Alle Personen, welche als Zeugen genannt werden, müssen* — u. zw. unverzüglich — *auch verhört werden* (sofern nicht etwa ein gesetzlicher oder sonst entschuldbarer Grund entgegen steht), denn nur so wird man möglichst eingehend unterrichtet.

10. Für den Erfolg in einer Strafsache kann es mitunter von großer Bedeutung sein, ob der Beamte und der zu Vernehmende je barsch oder weich veranlagt sind. Da in wichtigen Fällen wenigstens zwei Kriminalbeamte mit der Durchführung der Amtshandlung betraut werden, *soll der Eine von ihnen ein sogen. „Draufgeher" oder „Losgeher", der Andere aber einer sein, „mit dem sich reden läßt"* — die Praxis lehrt verstehen, was gemeint ist.

B. Zeugeneinvernahme.

1. Wenn zwei oder mehrere Personen in ein und derselben Sache als Zeugen zu *verhören* sind, *müssen sie:*

a) für denselben Tag und zur gleichen Stunde vorgeladen sein,

---

[5]) Dadurch kommen mitunter die überraschendsten Ergebnisse zutage!

b) unmittelbar auf einander einvernommen werden,

c) so beobachtet werden, daß ein Besprechen des bereits Vernommenen mit dem noch nicht Verhörten unmöglich ist.

2. *Bezüglich des zu vernehmenden Zeugen muß* für den Fall, als er der Behörde nicht persönlich bekannt wäre, zunächst *festgestellt werden, ob er mit dem im Akte Genannten auch wirklich wesensgleich ist, da auch Unterschiebungen vorkommen können.*[6])

3. *Der Zeuge ist dann zu fragen, was er über den vorliegenden Sachverhalt anzugeben weiß;* dabei ist immer wieder besonderes Gewicht darauf zu legen, ob der Zeuge die betreffende Wahrnehmung selbst gemacht hat oder ob ihm diese von dritten Personen (und welchen?) erzählt wurde; Näheres S. 9.

C. Einvernahme des (vermutlichen) Täters.

Es gibt Beschuldigte, welche auf die an sie gerichteten Fragen — wenn auch nur teilweise — antworten und solche, welche jede Auskunft verweigern; auch den Letzteren gegenüber darf man deshalb nicht machtlos gegenüberstehen.

1. Diese *Einvernahme soll erst dann einsetzen, wenn alle Personen, welche in dieser Sache etwas anzugeben wissen, bereits verhört sind.*

2. Die *Anzeige ist dem Beschuldigten wörtlich vorzulesen* und dieser aufzufordern, wahrheitsgemäß zu antworten.

3. Beginnt er mit einem *Redeschwall, dann lasse*

---

[6]) Das Überprüfen geschieht in der Weise, daß einwandfreie, der Behörde bekannte Personen gesucht werden, welche bestätigen können, daß der Unbekannte tatsächlich der NN. ist und daß der Zeuge um zweifellos feststehende, bereits bekannte Einzelheiten (z. B. persönliche oder Familienverhältnisse u. dgl.) gefragt wird, welche nur der richtige Zeuge selbst und nicht ein aus irgend welchen Gründen vielleicht Unterschobener wissen kann.

man ihn ruhig *ausreden*[7]), *merke aber wohl auf all dasjenige auf, was er immer wieder besonders hervorhebt und was er nur flüchtig erwähnt oder ganz übergeht: Das besonders Hervorgehobene wird vorsichtig aufzunehmen, dem nur flüchtig oder gar nicht Erwähnten aber sorgfältig nachzugehen sein.*

4. *Dann sind dem Verhörten alle gegen ihn sprechenden Umstände kurz und klar,* „Schlag auf Schlag", *vorzuhalten und ist ihm offen zu erklären, daß die Erhebungen mit aller Genauigkeit durchgeführt werden, also jeder Umstand auf seine Richtigkeit überprüft wird, daß ein etwa rückhältiges Benehmen zwecklos ist, ja seine Lage nur verschlechtert und die Annahme rechtfertigt, daß er,* der dieser Tat (aus diesen oder jenen Gründen) bereits überwiesen ist, *dadurch noch verdächtig erscheint, weitere* (gleiche oder ähnliche) *Straftaten verübt zu haben, daß er anderseits durch ein volles Geständnis wesentliche Strafmilderung zu gewärtigen habe.*[8])

5. Schließlich noch eine Erfahrungstatsache: *Der Beschuldigte soll stets darüber im unklaren sein, ob*

---

[7]) Ein Zurechtweisen hat bei solchen Leuten ohnehin keinen Erfolg; sie brechen aber sofort ab, wenn sie merken, daß sie sich „verrannt" haben.

[8]) *Der Erfolg dieser unzweideutigen Eröffnung ist nicht selten auch äußerlich erkennbar:* Sieht der so in die Enge getriebene Täter keinen „Ausweg" mehr, dann gesteht er entweder (wenigstens soviel, als die Behörde ihm Nachteiliges vorhalten konnte); ein Anderer, der sich bisher unnahbar gefühlt und vielleicht hochfahrend benommen hat, ist auf einmal verstummt und verlegt sich nun — vielleicht noch unter heftigem Weinen — aufs Bitten; ein Dritter, aus dem bisher kein Wort herauszubringen war, setzt nun „Alles auf Eine Karte" und beginnt mit einem Redeschwall, mit dem er die Grundfesten der gegen ihn vorgebrachten Anschuldigungen zum mindesten zu erschüttern hofft, oder sucht mit angedrohten „Beschwerden", „Unannehmlichkeiten", „Enthüllungen" od. dgl. den ihn vernehmenden Beamten zu seinen Gunsten einzuschüchtern usw. — kurz, ein verändertes Benehmen ist in den meisten Fällen deutlich merkbar, nur auf den berufsmäßigen Verbrecher wird derlei Vorhalt kaum eine Wirkung haben; ein Geständnis ist von diesem so gut wie ausgeschlossen.

die gegen ihn geführten Erhebungen bereits beendet sind oder nicht; erfährt er nämlich, daß seine Sache schon abgeschlossen ist, dann wird er etwaige weitere strafgesetzwidrige Handlungen, bezüglich deren er als (Mit-)Täter in Betracht kommt, niemals eingestehen; ist aber diesfalls im unklaren und fürchtet er ständig, daß die Behörde noch mehr gegen ihn weiß, dann wird er nicht selten noch Weiteres von selbst eingestehen.

6. *Der Umstand, daß gegen eine einer Tat überwiesene Person keine weiteren belastenden Aussagen vorliegen, muß noch nicht beweisen, daß sie solche auch nicht weiter verübt hat,* denn es gibt erfahrungsgemäß Geschädigte, welche den ihnen vom Täter zugefügten oft sehr bedeutenden Schaden aus irgendwelchen Gründen der Behörde gegenüber nicht einbekennen und, wenn man doch auf sie als Geschädigte kommt, den Täter nach Möglichkeit zu entlasten suchen.

7. *Gibt der Täter der Behörde gegenüber wichtige Anhaltspunkte an, welche zur Aufdeckung neuer Straftaten führen oder fördert er sonst in irgendeiner Weise den Gang der behördlichen Erhebungen,* dann soll ihm dieser Umstand auch zugute kommen, indem man an geeigneter höherer Stelle darauf entsprechend verweist.

8. *Sollte der Einvernehmende überhaupt jede Auskunft, auch über seine Identität, verweigern,* dann muß alles herbeigezogen werden, was diesfalls zu helfen vermag; vgl. darüber die Abschnitte: „Persons- und Hausdurchsuchung“, S. 11, „Identitätsfeststellung Unbekannter“, S. 27.

9. *Wäre der Beamte darüber im Zweifel, ob der Beschuldigte nach geschehener Einvernahme veroder enthaftet werden soll, dann hätte er stets das Einvernehmen mit seinem Vorgesetzten zu pflegen; in heiklen Fällen soll* — um etwaigen unangenehmen Folgen vorzubeugen — *die Entscheidung dem zuständigen Strafgericht überlassen werden.*

BESONDERER TEIL.

1. Besondere Kenntnisse.

3. Abschnitt.

Identitätsfeststellung Unbekannter.

Es kommt erfahrungsgemäß nicht selten vor, daß Leichen aufgefunden werden, deren Identität nicht ganz zweifellos oder überhaupt unbekannt ist; es ereignet sich aber auch bisweilen, daß ein unbekannter Verhafteter über seine Person sichtlich unwahre Angaben macht oder überhaupt jede Auskunft darüber verweigert. In solchen Fällen ist die Behörde auf sich selbst angewiesen und muß trachten, *aus den Anhaltspunkten, welche vor allem Körper und Kleidung bieten, möglichst viele und sichere Schlüsse zu ziehen;* daraus erhellt, daß solche Anhaltspunkte, wie sie dieser Abschnitt anführt, auch entsprechend berücksichtigt werden müssen.

Die hier zu beachtenden Richtlinien sind für die Feststellung der Identität bei Lebenden wie bei Leichen in mehreren Punkten übereinstimmend; es sei daher zunächst auf das Gemeinsame eingegangen.

1. Gemeinsame Richtlinien für die Feststellung der Identität bei Lebenden und bei Leichen.

1. Oberster Grundsatz ist auch hier: *So genau als möglich vorgehen und im Zweifel oder wo nur irgendwie förderlich, geeignete Sachverständige heranziehen!*

2. *Eingehende Personsdurchsuchung;* vgl. auch den Abschnitt S. 12.

a) *„Kleidertaschen umdrehen!"* Auf etwaige *Ausweispapiere, Zettel* (ob beschrieben, bedruckt, mit Zeichnungen oder dgl. versehen, auch wenn scheinbar leer), *besonders achten und alles auf Echtheit, Herkunft, Bedeutung, Verhältnis zum Träger usw. prüfen (lassen); desgleichen auf Schmucksachen, Waffen,* die punziert, graviert sein können *und sonstige Gegenstände;*

b) *die einzelnen Kleidungsstücke absuchen* u. zw. nach:

α) sogen. *„Märken"*, d. h. Anfangsbuchstaben auf Taschentüchern, Unterwäsche, Mantelinnenseite, usw.,

β) etwaigen *Geschäftsadressen* (teils auf etwa fingerlangen Stoffleckchen als „Aufhänger", „Schlupfen", in Röcken, Mänteln, Hemden, Unterhosen, Schuhen, Halsbinden, Hüten usw. vorfindlich, teils auf der Innenseite von Krägen, Manschetten ersichtlich),

γ) sogen. *„Wäscherzeichen"*, d. h. einzelne Buchstaben mit danebenstehender Zahl oder letztere allein,

δ) etwa *eingenähten Gegenständen,* daher Kleidungsstücke überall dort, wo der Stoff doppelt liegt oder unterfüttert ist, *sorgfältig abgreifen,*

ε) etwaigen *absonderlichen Dingen, die wahrscheinlich der Aberglaube erklären kann;*

c) *Wenn sich bisher trotzdem kein Anhaltspunkt ergeben hätte oder Fragliches zu überprüfen wäre, dann die Kleidung von Sachverständigen untersuchen lassen, da diese aus dem Taschen- und Kleiderstaub, sowie aus den wulstartigen Ansammlungen,* die sich im Laufe der Zeit zwischen Stoff und Futter bilden, *mitunter wichtige Schlüsse ziehen können;*

d) *sind alle derartigen Anhaltspunkte aus der Kleidung usw. sichtlich entfernt, herausgeschnitten, dann ist besondere Achtsamkeit geboten,* da mit einem solchen Vorgehen eine bestimmte Absicht verbunden ist.

3. *Kleidung und Äußeres des Unbekannten dahin vergleichen, ob beides zueinander „paßt", zumal dies-*

falls auch Irreführungen vorkommen: Der unbekannte Angehaltene kann (da er infolge seines Treibens stets mit seiner Verhaftung rechnen mußte), absichtlich besser oder schlechter gekleidet sein, um die Erhebungen zu erschweren, dem Toten können aus demselben Grund oder aus Bereicherung, Aberglaube die ursprünglichen Kleider und damit auch darin gewesene Ausweispapiere gestohlen oder ausgetauscht worden sein.

4. *Den Körper auf etwaige „Besondere Kennzeichen" absuchen; solche sind: Berufsmerkmale, Narben, Tätowierungen und sonstige Merkmale.*

Die berufsmäßige Ausübung einer bestimmten Beschäftigung erzeugt im Laufe der Zeit eigenartige Merkmale, die meist schon mit freiem Auge mehr oder minder deutlich hervortreten, sichtbar und fühlbar sind, längere Zeit, manchmal für das ganze Leben erhalten bleiben; sie bilden daher einen wichtigen Anhaltspunkt für die Identitätsfeststellung.

A. Berufsmerkmal und zwar:

1. An den Händen.

Im allgemeinen kann man sagen, daß Leute mehr oder minder gebildeter Stände, welche nicht gezwungen sind, mit den Händen ihr Brot zu verdienen, gepflegte, dagegen eigentliche Arbeiter abgearbeitete, „schwere" Hände haben.

a) *Eigenartige durch den Beruf bedingte Verfärbungen der Hände:*

α) Weißverfärbte Hände hat der Müller, Bäcker, Kalk-, Zink- und Bleiweißarbeiter,

β) blauverfärbte der Färber,

γ) schwarzverfärbte der Kohlenarbeiter, Kesselheizer, Schmied und Schlosser,

δ) rot- und grünverfärbte der Anstreicher, Maler und Arbeiter in Farbenfabriken,

ε) braun- und gelbverfärbt sind die Fingerspitzen und Nägel des Gerbers und Kunsttischlers; auch Leute, welche selbstgedrehte Zigaretten (also solche ohne Mundstück und ohne Spitz rauchen), haben ähnlich verfärbte Fingerspitzen einer Hand.

b) *Eigenartige Hautverdickungen, „Berufsschwielen".*

Diese entstehen teils bloß an einer bestimmten Hand — mitunter auch nur an einem einzelnen Finger — teils an beiden Händen. Es haben:

α) Schwielen in der rechten Hohlhand: Schmiede, Schlosser, Tischler, Zimmerleute, Gerber und Lederzurichter;

β) Schwielen an den Fingern der rechten Hand: Bürstenbinder, Steinklopfer, Schriftsetzer, Schuster, Schneider, Uhrmacher und Drechsler;

γ) Schwielen an den Fingern der linken Hand: Graveure, Modellierer, Maler, Schlosser, Drechsler, Korbmacher, Schneider und Näherinnen; (letztere haben außerdem die linke Fingerspitze zerstochen);

δ) Schwielen an beiden Händen: Weber, Borten- und Hutmacher, Seiler, Perlmutterarbeiter und Wäscherinnen;

ε) am rechten Mittelfinger (erstes Glied, an der dem Zeigefinger zugekehrten Seite) hat der, welcher berufsmäßig schreibt oder zeichnet, eine kuppelartige Hautverdickung.

2. An den Zähnen.

Gewerbetreibende, welche bei Ausübung ihres Berufes die Zähne gewohnheitsmäßig mitbenützen, sind bereits nach einigen Jahren ihrer Tätigkeit an bezeichnenden *Zahnmasseverlusten* kenntlich. Durch bestimmte Berufsausübung können entweder bloß gewisse oder auch alle Zähne in Mitleidenschaft gezogen sein:

1. *Schneidezähne mit grobschartigen Kanten oder rinnenförmig ausgeschliffenen Stellen* haben Schuster

und Tapezierer, (welche sich angewöhnt haben, die benötigten Eisennägel, die sie vorerst in den Mund gegeben haben, mit der Zungenspitze einzeln durch die Zähne zu schieben, von wo sie dann mit den Fingern oder mit der Zange gepackt werden).

2. *Ein einziges, in der Mitte der Schneidezähne befindliches, sichtlich ausgeschliffenes, kreisrundes Loch* haben Glasbläser (infolge des zum Aufblasen der Glasmasse verwendeten und dabei fortwährend gedrehten Rohres, der sogen. „Pfeife").

3. *Schlitzförmige Einschnitte in den Schneideflächen der Schneidezähne* haben Schneider(-innen) und Modistinnen, (welche den Faden gewohnheitsmäßig mit den Schneidezähnen abreißen).

4. *Ausgefressene* (vom Zahnfleischrand beginnend) *Zähne* haben Zuckerbäcker (infolge der zerstörenden Wirkung des während der Arbeit eingeatmeten Zuckerstaubes).

5. *Bräunlich verfärbte dem Verfall entgegengehende Zähne, Zahnstümpfe,* haben Arbeiter, welche in chemischen Fabriken (u. zw. in Arbeitsräumen, in welchen Salzsäure erzeugt wird), tätig sind.

6. *Deutlich schmutzigen, grünen, haltbaren Zahnbelag* haben Metallarbeiter, (sofern sie nicht auf peinlichste Zahnpflege sehen).

3. In der eigenartigen Körperhaltung.

Die Erfahrungstatsache, daß *Träger bestimmter Berufe mitunter durch eigenartige Körperhaltung gekennzeichnet* sind — so haben z. B. Schreiber, Friseure usw. nicht selten rechtsseitig höher liegende, „schiefe" Schultern, gebogenes Rückgrat usw. — kann bisweilen vielleicht als mitaufklärend herangezogen werden.

B. Narben.

Außer Schwielen und rußiger Verfärbung finden sich bei allen Feuerarbeitern (Grob-, Zeugschmieden,

Schlossern) aber auch bei Steinbrechern, Steinmetzen und Steinklopfern *an der Haut des Handrückens und des Vorderarmes oft noch kleine* von Verletzungen durch abspringende Eisen- bzw. Steinteilchen herrührende *Narben.* Mitunter kann es von Wichtigkeit sein, rasch, d. h. noch vor Besichtigung durch den Arzt, zu wissen, durch welche Art von Verletzung eine bestimmte Narbe hervorgerufen sein kann; es sei deshalb aus dem eingangs erwähnten „Lehrbuch der gerichtlichen Medizin" das hier Wesentliche kurz wiedergegeben:

1. *Längliche Narben* entstehen nach Stich- und Schnittverletzungen;

2. *Trichterförmig eingezogene,* vielleicht noch von eingesprengten Pulverkörnern umgebene *Narben* bleiben nach Schußverletzungen zurück;

3. *Breite und unregelmäßig begrenzte Narben* entstehen nach Quetsch- und Rißwunden;

4. *Flächenartig ausgedehnte Narben* mit darin befindlichen, sehr häufig kammartig hervortretenden, starren Strängen, die auch Hautverzerrungen bedingen, werden durch Hautverbrennungen hervorgerufen; ähnlich gestaltet sind Erfrierungs- und Verätzungsnarben.

Da der Arzt das Alter der Narben wenigstens annähernd feststellen kann, ist es denkbar, durch entsprechende *Erhebungen in Spitälern, in Ärztekreisen, nötigenfalls durch Verlautbarungen in den Tagesblättern ein gutes Stück Vorgeschichte aus dem Leben des Trägers in Erfahrung zu bringen.*

C. Tätowierungen.

Diese haben für die Identitätsfeststellung deshalb so hohe Bedeutung, weil man daraus nahezu mit vollkommener Sicherheit auf Gewerbe, Beruf oder Stand des Trägers schließen kann, da zwischen ihnen immer eine gewisse Beziehung besteht: So sind tätowierte Anfangsbuchstaben meist die des eigenen (echten) Vor- und Zunamens (mitunter allerdings auch die der Geliebten), Zahlen bedeuten wichtige Begebenheiten im Leben des Trägers (z. B. Geburtsdatum), Handwerkszeichen versinnbilden den Beruf, dem der Betreffende zugehört (hat), usw.

Im einzelnen sei aus solchen Bildererklärungen hervorgehoben: „*Hammer und Zange* bekunden den Schlosser, *Säge und Axt* den Zimmermann, den Wagner kennzeichnet das *Rad,* der Metzger trägt *unter dem Tierschädel gekreuzte Beile,* der Bäcker eine *Bretzel,* Matrosen und Kaufleute führen häufig den *Anker* oder auch die *Flagge ihres Staates* als Sinnbild des Standes, dem sie angehören.“ [1])

Mitunter mag vielleicht auch die Erfahrungstatsache helfen, daß es unter tätowierten Personen viele bereits Vorbestrafte gibt; (es kann daher eine entsprechende *Erhebung bei Strafgerichten und Strafanstalten über eine unbekannte oder angezweifelte Identität* unter Umständen Klarheit bringen).

D. Sonstige Merkmale.

Auch diese sind erfahrungsgemäß schon oft von ausschlaggebender Wichtigkeit gewesen; sie erschöpfend aufzuzählen, ist nicht möglich; es seien daraus nur hervorgehoben: *Sichtlich X- oder O-Beine,* auffallende *Sommersprossen, fehlende oder überzählige Gliedmaßen* (Finger, Zehen), *falsches Gebiß, Plattfüße, Leistenbruch, Beschneidung, Muttermale, Leberflecken,* (die beiden Letzteren können bei Lebenden auch vorgetäuscht sein), usw. usw.

Ausdrücklich erwähnt sei noch die Erfahrungstatsache, daß mitunter auch *das Gebiß eines Menschen zur Feststellung seiner Identität beitragen kann, ja bei arg zugerichteten* (z. B. überfahrenen, verkohlten, verwesten) *Leichen der einzige Anhaltspunkt sein dürfte;* auf Zahnform, Zahnstellung und Art

---

[1]) „Lehrbuch d. gerichtl. Medizin“, Seite 44 ff.

der Plombierung usw. wäre daher ebenfalls zu achten.

5. *Trachten, umgehend (vertrauenswürdige) Personen ausfindig zu machen, welche den Unbekannten gekannt haben (dürften) und daher imstande wären, ihn wiederzuerkennen;* dabei sei auch betont, daß, wenn jemand unter einem bestimmten Namen und Beruf Anderen gegenüber auch bekannt ist, damit allein seine Identität noch nicht bewiesen ist.

6. *Nötigenfalls auch in Sonderverzeichnissen* (besonders über Abgängige, Vermißte, strafbehördlich Verfolgte) *nachsehen, ob nicht etwa eine dort gegebene Personsbeschreibung auf den Unbekannten zutrifft:* Wenn ja, sofort Identitätszeugen kommen lassen, bzw. die Behörde, welche den Betreffenden sucht, umgehend verständigen.

2. Weitere Richtlinien für die Identitätsfeststellung bei Lebenden.

1. *Trachten, den Angehaltenen in ein Gespräch zu verwickeln:* Nach der Mundart wird es wahrscheinlich möglich sein, den Betreffenden einer immerhin ziemlich bestimmten, mehr oder minder eng begrenzten Gegend zuzuweisen. Spricht jemand bald Worte dieser bald jener Mundart, so deutet das auf einen längeren Aufenthalt in diesen Gegenden (Wanderleben) hin; (doch *nicht vergessen, daß der Dialekt auch verstellt sein kann*).

2. *Wenn die angehaltene Person ein Arbeits- oder Dienstbotenbuch besitzt, ist*

a) dieses womöglich an Ort und Stelle auf seine Echtheit zu prüfen[2]),

---

[2]) Schriftzüge mit dem Vergrößerungsglas betrachten, gegen das Licht halten, ob nicht etwa Radierungen vorkommen, erwägen, ob der Aussteller der Urkunde diese nach seinem Beruf geschrieben haben kann (Schrift, Rechtschreibung u. dgl.) usw.

b) die dort gegebene Personsbeschreibung dahin zu vergleichen, ob sie auf den jetzigen Träger auch zutrifft,

c) die Stichhältigkeit des behaupteten Berufes zunächst an der Hand des über Berufsmerkmale (S. 29) Gesagten, sobald als möglich aber durch einen verläßlichen Fachmann, der den Betreffenden geschickt auszuholen haben wird, gründlich zu überprüfen,

d) bezüglich der einzelnen Dienste um Reihenfolge, Ortsangabe, Dauer derselben, Name des Dienstgebers u. dgl. fragen und diese Angaben durch sofortige Erhebungen überprüfen, (da stets mit der Möglichkeit gerechnet werden muß, daß der derzeitige Besitzer des Buches dasselbe auf unredliche Weise an sich gebracht, den Inhalt auswendig gelernt hat und nun unter dem Namen des rechtmäßigen Eigentümers auftritt und sich so vielleicht auch strafen läßt).

3. *Gibt sich die angehaltene Person als adelig aus,* dann kann — wenn nicht auf andere Weise sicher und rasch Auskunft darüber eingeholt werden könnte — auch die „Heraldische Gesellschaft Adler“[3]) in Wien I., Wallnerstraße 6, darum gebeten werden.

3. Weitere Richtlinien für die Identitätsfeststellung bei Leichen und Leichenteilen.

Für die Identitätsfeststellung von Leichen ist das in diesem Abschnitt bereits Gesagte sinngemäß anzuwenden. Einer besonderen Erwähnung bedarf das Vorgehen bei der Auffindung von Leichenteilen.

Wenn Leichenteile gefunden werden, welche sichtlich oder auch nur möglicherweise die eines Menschen sind, hat der Beamte sofort seine vorge-

---

[3]) Diese hat sich (über meine besondere Anfrage) bereit erklärt, behördliche Anfragen über Adelsanmaßungen unentgeltlich zu beantworten (wofür ihr auch an dieser Stelle besonders gedankt sei).

setzte Stelle, den Arzt (nötigenfalls auch das Gericht) zu verständigen, selbst nichts anzurühren und lediglich darüber zu wachen, daß keinerlei Veränderungen damit vorgenommen werden können, und am Tatort zu bleiben, bis die Kommission eintrifft.

Zu unterscheiden sind:

A. *Zerstückte Leichen,* und

B. *verstümmelte Leichen.*

Leichen können zerstückt oder auch verstümmelt angetroffen werden. Zerstückt sind sie, wenn sie zerschnitten oder zerhackt sind, dies kann nur mit Absicht geschehen sein. Eine Leichenverstümmelung kann ebenso eine absichtliche, wie eine unabsichtliche sein.

a) Sie ist eine absichtliche, wenn jene Körperteile, auf welchen die Erkennung einer Person beruht, durch Gewaltanwendung eines Dritten unkenntlich gemacht wurden, (z. B. Zerstörung des Gesichtes, Abziehen der Haut, Abschneiden und Fortschaffen des Kopfes u. dgl.). Das Opfer wurde in solchen Fällen vorerst meist auf andere Art getötet. Erwähnt sei noch, daß der Arzt aus der Art und Weise, wie dabei vorgegangen wurde, bisweilen einen wichtigen Anhaltspunkt für den Beruf des unbekannten Täters zu geben vermag.

b) Sie ist eine unabsichtliche,

α) wenn verschiedenes Getier zum Leichnam kommen konnte und diesen an- oder teilweise auffraß; selbst ganze Gliedmaßen können (z. B. durch Füchse) auch fortgetragen worden sein; Näheres S. 103 u. 125;

β) sie kann auch eine unabsichtliche sein, wenn der Leichnam durch Überfahrenwerden zerteilt worden ist; Näheres S. 96.

C. *Knochen.*

Die Unterscheidung, ob vorgefundene Knochen menschliche oder tierische sind, vermag der

Laie an Ort und Stelle nicht immer zu treffen, wohl aber stets der Arzt, der auch das Alter, das Geschlecht und die Körperbeschaffenheit des Trägers, Todeszeit und vielleicht auch Todesursache wenigstens annähernd bestimmen kann. Auch Knochen können durch Tiere benagt und angefressen und ohne Zutun Dritter möglicherweise auch gesprengt worden sein, (z. B. durch eingedrungenes, zu Eis gewordenes Wasser, durch austreibende Pflanzen u. dgl.).

---

4. Abschnitt.

Persons- und Sachbeschreibung.

1. Personsbeschreibung.[1])

Die immer wieder zu beobachtende Erfahrungstatsache, daß leider sehr selten brauchbare, d. h. möglichst vollständige Personsbeschreibungen geliefert werden, obwohl dies bei einiger Sorgfalt gewiß in der Mehrzahl der Fälle erreichbar wäre, rechtfertigt, ja fordert sogar, daß in diesem Behelf eine Vorlage hiefür zu finden sei, an die man sich diesfalls halten könne.

Bei Aufnahme von Personsbeschreibungen werden nach Möglichkeit folgende Fragen zu beantworten sein:

1. Familienname
(bei Frauen auch Geburts- [Mädchen-] Name);
2. Vorname
(= Zuname; bei zwei oder mehreren ist der gebräuchliche [= Rufname] zu unterstreichen);
3. Beruf
(ständiger, gegenwärtiger [aushilfsweiser]);

---

[1]) Mit Zugrundelegung der vorzüglichen Reiß-Schneickertschen „Signalementslehre" (J. Schweitzer Verlag, München 1908).

4. O r t d e r A u s ü b u n g d e s B e r u f e s (gegenwärtiger [seit wann hier?]; früherer [von wo und warum hieher gekommen?]);
5. V o r g e s e t z t e S t e l l e (in wessen Diensten?);
6. G e b o r e n a m ... ten ... 1 ... in ..., Bezirk ..., Kreis ..., Land ...;
7. S t a n d (ledig, verheiratet, verwitwet, geschieden, getrennt);
8. W o h n u n g (gegenwärtige, vermutete ... seit ... ; vorhergehende ... seit ... bis ...);
9. G r ö ß e (womöglich in cm anzugeben, sonst durch Vergleich mit umstehenden Personen möglichst genau festzustellen trachten; [sehr klein = 1,40—1,52 m, klein = 1,53—1,58 m, mittel = 1,59—1,70 m, groß = 1,71—1,76 m, sehr groß = 1,77—1,89 m]);
10. G e s t a l t (schwächlich, schlank, untersetzt, kräftig, stark);
11. H a a r
    1. Haar b e s c h a f f e n h e i t (aufgestellt, gewellt, gelockt, gekräuselt),
    2. Haar a n s a t z [= Form des Haarsaumes auf Stirne und Schläfen], (sichelförmig, rechtwinkelig, spitzwinkelig [sogen. „Weisheitsecken“ oder „Ehewinkel“]),
    3. Haar f ü l l e (spärliches, dichtes Haar; Stirnglatze [= sogen. hohe Stirn], Scheitelglatze; [die Glatze liegt auf dem Scheitel, „Wirbel“]; volle Glatze),
    4. Haar f a r b e (verschiedene Abstufungen von) blond, braun, rot; schwarz, weiß;
12. B a r t
    1. Farbe,
    2. Form (= Tracht),
    3. Fülle;

13. Gesicht
  1. Farbe,
  2. Form (kreisrund, viereckig, rechteckig, länglich, pyramidenförmig [= Unterkiefer breit, Schädelspitze klein; Gegensatz:] kreiselförmig, rauten- oder karoförmig, hervorstehende oder eingefallene Schläfen bezw. Jochbeine, breite und enge Kiefer, verschoben,
  3. Fülle (volles, sogen. „Vollmondgesicht", Gegensatz: knochiges Gesicht);
14. Stirne
  (hoch, niedrig, zurückweichend, senkrecht, vorstehend [= gewölbt]);
15. Auge
  1. Farbe,
  2. Größe,
    a) Größe des „Augenschlitzes", (je nachdem die Iris ganz oder nur teilweise sichtbar ist),
    b) Neigung desselben (gerade, schräg),
    c) Besonderheiten (z. B. links oder rechts oder beiderseits ein- oder auswärts schielend, sichtlich getrübtes, blutunterlaufenes Auge, überhängendes Oberlid, sackförmiges Unterlid usw.);
16. Augenbrauen
  1. Lage (nahe beisammen, weit getrennt, dem Augapfel sehr nahe [= niedrig], von ihm weit entfernt [= hoch]),
  2. Form (bogenförmig, geradlinig, wellenförmig),
  3. Größe (kurz, lang, schmal, breit),
  4. Richtung (schief gestellt),
  5. Besonderheiten (schwacher und dichter Haarbesatz, zusammengewachsen, bürsten- oder pinselförmig);
17. Nase
  (klein, mittel, groß, dick, schmal, breit, eingedrückt, geradlinig, wellenförmig, Stumpf-, Adler-, höckerige Nase);

18. Ohren
   1. Größe (klein, mittel, groß),
   2. Form (dreieckig, rechteckig, eiförmig, rund),
   3. Abstand vom Kopf (ganz anliegend, gewöhnlich, sehr abstehend),
   4. Ohrläppchen (freihängend, angewachsen, durchlocht);
19. Mund
   1. Größe (sehr klein, gewöhnlich, sehr groß),
   2. Mundöffnung (zusammengekniffener, offenstehender Mund),
   3. Besonderheiten
      a) (auf beiden oder auf einer [welcher?] Seite) herunterhängende, aufwärtsgehende Mundwinkel,
      b) nach rechts oder links schräger Mund,
      c) sichtbare bloß untere, bloß obere, oder obere und untere Schneidezähne,
   4. Mundfalten;
20. Zähne
   (auffallend groß oder klein; in einer Reihe, überwachsen oder schräg zueinander gestellt; vollständig oder [und wo?] lückenhaft);
21. Kinn
   (zurückweichend, senkrecht, vorspringend; spitz, breit, Doppelkinn, Kinngrübchen, Kinnfalte);
22. Hände und Füße[2])
   (wenn besonders groß oder klein);
23. Gang und Haltung[2])
   (wenn besonders auffallend);
24. Sprache
   (Mundart, Dialekt, mit merklich fremder Betonung und Aussprache, z. B. mit böhmischem Einschlag, stotternd, lispelnd, auffallend tiefe oder hohe Stimme);

---

[2]) Vgl. auch den Abschnitt: „Identitätsfeststellung Unbekannter, Seite 27.

25. Tätowierungen[2])
(zunächst solche, die trotz Bekleidung auffallen [also auf Fingern, Handrücken, Handgelenk, Unterarm]; dann womöglich auch die durch Bekleidung verdeckten; die Körperstelle, auf welcher die Tätowierung vorhanden ist, muß genau angegeben, die Zeichnung selbst möglichst genau beschrieben werden);

26. Besondere Kennzeichen[2])
(ins Auge fallende Eigenheiten: X- oder O-Beine, Verkrüppelungen, Buckel, auffallend hervortretende Stirne; Augen-, Mundfalten, Warzen, Narben, Leberflecke, Muttermale, Augengläser, Zwicker usw.);

27. Bekleidung
   1. bei der Tat,
   2. überhaupt im Besitz des Betreffenden befindlich,
   3. ob er (durch Geld, Begünstigung von Verwandten, Bekannten usw.) die Möglichkeit hatte, sich auch anders zu kleiden?

28. Unterschrift desjenigen, der die Personsbeschreibung aufgenommen hat, mit Beisetzung des Tages und Ortes der Aufnahme.

Nicht zu vergessen ist, daß Körpergröße und Gestalt, Haar- und Bartfarbe (Perücken!), Gang, Haltung, Sprache und auch die sogen. „Besonderen Kennzeichen“, ja selbst Gesicht, Augenform und -Farbe zu Täuschungszwecken verändert werden können.

2. Sachbeschreibung.

Da Gegenstände, welche in strafrechtlicher Beziehung wichtig werden können, erschöpfend nicht aufzuzählen sind, Vorlagen für gute d. h. vollständige Sachbeschreibungen im vorhinein daher nicht gegeben werden können, es aber dennoch u. zw. auf besonders genaues Vorgehen ankommt, erübrigt nur, sich an den Einen immer wieder bewährten und anwendbaren Grundsatz zu halten: *Man denke sich, man müsse den betreffenden Gegenstand zeichnen und malen — so ist man von selbst gezwungen, auf alle Einzelheiten einzugehen und kann daher Wesentliches nicht übersehen.*

5. Abschnitt.

Gaunerkniffe bei der Vernehmung.

Vorgetäuschte Krankheiten und Leiden mit ihren Erkennungsmerkmalen.

Es ist eine bekannte Erfahrungstatsache, daß der Verdächtigte oder Beschuldigte bei seiner Einvernahme seinen Vorteil zu wahren bestrebt ist. Er versucht — um seine Verantwortung danach einrichten zu können — von der Behörde zu erfahren, was gegen ihn vorliegt, was diese über ihn Nachteiliges weiß; hat er dies in Erfahrung gebracht oder soll er auf eine ihm verfänglich scheinende Frage antworten, so wird er „plötzlich krank", bekommt einen „Anfall" od. dgl., kurz, er sucht Zeit zu gewinnen, um sich gegen die vorgebrachten Anwürfe möglichst geschickt zu verteidigen. Selbst ein Beamter, welcher derartige Gaunerkniffe mit Sicherheit zu entlarven vermag, wird gegebenenfalls dadurch zum mindesten aufgehalten sein; wer aber vorgetäuschte Anfälle von wirklichen nicht unterscheiden kann und keinen Arzt zur Stelle hat, wird selbst in die mißlichste Lage kommen: Den wirklich plötzlich Erkrankten für einen Schwindler halten, den geschickten Gauner aber bemitleiden und ihm zu helfen suchen. Ein derart verkehrtes Vorgehen kann für das Verfahren natürlich die nachteiligsten Folgen haben.

Diesem Übelstand vorzubeugen, sind im folgenden die gebräuchlichsten Gaunerkniffe entsprechend behandelt.

1. Als oberster Grundsatz gelte, *daß jede „plötzliche Erkrankung" bis zum Beweis des Gegenteiles immer für echt gehalten werden muß und daher so viel vorzukehren ist, daß sich der Erkrankte* (durch herunterfallen, herumschlagen, in die Zunge beißen usw.) *nicht unnütz selbst verletzen kann;* beengende Kleidung ist zu öffnen.
2. *Bei anscheinend schweren Fällen soll der Arzt beigezogen werden.*
3. *Es ist aber auch vom Anfang an zu bedenken, daß der „plötzliche Anfall" möglicherweise auch vorgetäuscht sein kann.*
4. *Der Erkrankte ist genau und fortgesetzt im Auge zu behalten, um den Verlauf der „plötzlichen Erkrankung" wahrnehmen und diese dem Arzt später mitteilen zu können.*
5. *Der Verdacht, daß die „plötzliche Erkrankung" des Beschuldigten vorgetäuscht sei, wird gerechtfertigt sein, wenn sie in einem Zeitpunkt eingetreten ist, die hiefür besonders günstig war* (also z. B. nach einer verfänglich scheinenden, entscheidenden Frage, über deren sofortige Beantwortung er sich mit dem „Anfall" hinweghilft). *Es können vor oder während der Einvernahme aber auch echte Erkrankungen plötzlich einsetzen,* deshalb müssen die Kennzeichen dieser und jener gekannt sein; diese Unterscheidung ist zum Glück so einfach, daß sie von jedermann gemacht werden kann.

   Vorgetäuscht werden gewöhnlich: Ohnmacht, Fallsucht (=Epilepsi), Schwerhörigkeit, Taubheit und Dummheit.
6. Ein *Ohnmachtsanfall* ist
   a) echt, wenn Gesicht, Lippen und Zahnfleisch plötzlich tief erbleichen (sogen. „Leichen-

blässe"), die Atmung nur eine schwache, oberflächliche und der Puls kaum fühlbar ist;

b) vorgetäuscht, wenn diese verläßlichen Erkennungsmerkmale fehlen.

7. *Ein epileptischer Anfall ist*

a) echt, wenn der Erkrankte plötzlich, ohne sich dabei irgendwie zu schützen, hinfällt, tief erbleicht („Leichenblässe"), vollkommen bewußt- und empfindungslos ist, unregelmäßig atmet, wenn zwischen Schultern und Kopfhaarsaum zuckende Muskelbewegungen sichtbar und wenn die Krämpfe auf der einen Körperseite anders sind als auf der andern. (Es ist daher diese Körperstelle daraufhin stets zu untersuchen). An Stelle des tiefen Erbleichens tritt dann ein Dunkelrotblau-Werden; nach dem (echten) Anfall tritt Schlafsucht, Schwerbesinnlichkeit oder Tobsucht auf. (Erwähnt sei auch an dieser Stelle, daß wirkliche Epileptiker sehr leicht erregbar sind und nur selten wahrheitsgemäß aussagen).

b) Vorgetäuscht, wenn diese verläßlichen Erkennungsmerkmale fehlen, der scheinbar Erkrankte vielleicht noch dazu langsam und mit vorgehaltenen Armen zu Boden sinkt, (um sich vor zu starkem Auffallen zu schützen) und wenn er etwa öfter oder gar fortwährend schreit.

8. *Zur Überprüfung der Stichhältigkeit behaupteter Schwerhörigkeit, Taubheit oder Taubstummheit* sage man etwas zu dem Betreffenden leise, (z. B. wenn er schon lange gestanden ist: „Sie können sich setzen!" oder „Bringen Sie doch Ihre Kleidung in Ordnung!", oder „Würden Sie mir nicht meinen Bleistift aufheben, der mir früher unter den Tisch gefallen ist?" od. dgl.), oder man läßt hinter dem Betreffenden unbemerkt etwas schweres auf den Boden fallen: Der wirklich Schwer-

hörige spürt dies durch die Erschütterung des Bodens und wendet sich um; der Simulant glaubt, er dürfe auch dies nicht hören, daher nichts dergleichen tun, rührt sich nicht und ist dadurch entlarvt.

a) Der *wirklich Schwerhörige* gibt sich sichtlich Mühe, den Fragenden zu verstehen, (indem er das Gesicht verzerrt und den Kopf näher rückt), *der Heuchler* wird unbeweglich dasitzen;

b) *bei behaupteter Taubheit eines Ohres* sage man dem Betreffenden mit Hilfe eines anderen Beamten gleichzeitig Verschiedenes u. zw. im Flüsterton in jedes Ohr und lasse sich das Gesagte wiederholen: *Wenn er auf dem bezeichneten Ohr tatsächlich taub ist,* wird er nur das nachsagen können, was er auf dem gesunden Ohr gehört hat; *der Schwindler* hört ein Durcheinander beider Einflüsterungen und vermag nichts zu wiederholen;

c) *den angeblich Taubstummen* nötige man, etwas zu schreiben: *Der Heuchler* schreibt fehlerhaft, *der wirklich Taubstumme* infolge seiner Schulbildung ängstlich genau und richtig.

9. *Wenn sich der Beschuldigte dumm stellt und tut, als ob er die an ihn gerichteten Fragen nicht verstehen würde,* erreicht er meistens, daß ihm die Fragen kurz, langsam und einzeln gestellt werden; er hat also Zeit, sich die Antwort entsprechend zurecht zu legen und entgeht so leichter der Gefahr, sich in Widersprüche zu verwickeln. Hat man nun Verdacht, einen Heuchler vor sich zu haben, so lasse man sich mit ihm in ein längeres Gespräch ein und betrachte unausgesetzt seinen Blick: Dabei wird sich zweifellos ergeben, ob er wirklich so beschränkt ist, als er sich den Anschein gibt.

Hat man auf Grund der im vorstehenden angegebenen Erkennungsmerkmale die Gewißheit erlangt, einen Simulanten vor sich zu haben, dann sage man es ihm auch ohne Umstände kurz ins Gesicht und ermahne ihn, die Vernehmung nicht weiter aufzuhalten, da er dadurch seine Lage nur verschlechtere; derart sicheres Auftreten des Beamten womöglich auch unter gleichzeitiger Ankündigung, daß sein Zustand durch einen jeden Augenblick zu erwartenden Arzt überprüft werden wird, hat nahezu immer die Folge, daß sich sein „Anfall“ auf einmal „bessert“, wenn nicht gar „wieder gut“ ist; (nicht selten bittet nun der Beschuldigte, der sich nunmehr durchschaut fühlt, um Entschuldigung).

---

2. Einzelne Fertigkeiten.

6. Abschnitt.

Skizzieren und Zeichnen.

1. Allgemeines.

Die Tatsache, daß eine wenn auch noch so einfache aber richtige Skizze oder Zeichnung dem Beschauer in wenigen Augenblicken mehr und besser vergegenwärtigt, als es eine wenn auch so eingehende Beschreibung des Tatbestandes vermag, soll die Forderung nach derartigen Zeichnungen rechtfertigen.

1. Die Skizze mit ihren wenigen Strichen sei die Grundlage der späteren Zeichnung in genauer Ausführung, daher: *Keine Zeichnung ohne vorherige Skizze!*
2. *Nicht planlos drauf loszeichnen, sondern, bevor man damit beginnt, bedenken, was man darstellen soll.*

3. *Die Zeichnung* auf jeden Fall *auf einem abgesonderten Blatt* und auf sogen. m/m-Papier[1]) anfertigen.
4. *So viele Skizzen, Zeichnungen machen, als zum genauen Verständnis der Sache nötig sind.*
5. *Stets anführen, wie gezeichnet wurde,* d. h. ob auf Grund eigener genauer Messungen, nach dem Augenmaß oder nach der Natur.
6. *Den angewendeten Maßstab stets angeben;* am einfachsten und zweckmäßigsten ist das Verhältnis 1 : 10, 1 : 100, 1 : 1000 usw., d. h. eine bestimmte auf das Papier aufgetragene Linie, Entfernung ist in Wirklichkeit, in der Natur 10-, 100-, 1000fach größer als auf der Zeichnung, (also z. B. 100 cm = 1 m in der Natur wäre gleich 1 cm auf der Zeichnung).
7. *Immer auch die Weltrichtung*[2]) *einzeichnen.*
8. *Angaben dritter Personen bezüglich bestimmter Entfernungen* usw. *sollen stets an Ort und Stelle nachgeprüft werden;* (blindes Vertrauen oder Bequemlichkeit darf keinesfalls platzgreifen).
9. *Was gemessen werden sollte, aber nicht gemessen werden konnte,* (z. B. weil nicht zugänglich), *ausdrücklich als „nicht gemessen, weil ....“ bezeichnen.*
10. Die Parteieneinvernahme wird wesentlich unterstützt, wenn die Zeichnung schon vor diesem Zeitpunkt vollendet ist.
11. Eine stets mitzuführende *neueste Karte der betreffenden Gegend wird bei allen Zeichnungen gute Dienste leisten.*
12. *Wenn möglich oder zweckmäßig soll das Darzustellende auch photographiert werden*[3]); *was*

---

[1]) In Schreibwarengeschäften erhältlich.
[2]) Auf Grund des stets mitzuführenden Kompasses.
[3]) Wer selbst photographiert (oder es lernen will), dem sei der von GM. Ludwig David geschaffene vorzügliche „Ratgeber im Photographieren“ wärmstens empfohlen,

auf dem Lichtbild aber unklar zutage treten könnte — die Photographie nimmt eben alles auf — *soll noch durch eine abgesonderte Zeichnung verdeutlicht werden.*

13. *Jede Zeichnung soll* — um ihren Zweck möglichst zu erfüllen — *deutlich und nett sein!*

2. Zeichnung eines Einzelraumes.

1. *Geeigneter Maßstab dürfte hier 100:1 sein,* d. h. 100 cm (1 m) im Raum = 1 cm in der Zeichnung.
2. Zunächst mißt man eine sogen. glatte (d. h. weder durch Tür noch durch Fenster unterbrochene) Wand genau ab und trägt sie entsprechend verkleinert auf. Dann mißt man den ersten Mauerwinkel: ist er rechtwinkelig (90°), dann liegt ein hineingeschobenes zum Fußboden parallel gehaltenes Buch mit zwei Schnittseiten genau an, ist der Winkel größer oder kleiner als ein rechter, dann überträgt man die fragliche Winkelgröße durch die entsprechend gespreitzten und angepaßten Schenkel eines Zeichenzirkels oder eines Zollstabes, zeichnet die entsprechend lange Gerade und mißt den zweiten Mauerwinkel usw.
3. Sobald der Grundriß des Raumes fertiggestellt ist, mißt man die Entfernungslänge zwischen Mauerecke und Türstockkante, hierauf die Türstockbreite selbst, dann die Entfernung der Türstockkante bis zur anderen Mauerecke: Die Summe dieser Maße muß die Länge der Wand ergeben.

---

weil darin alle erforderlichen Anleitungen in erschöpfender und selten klarer Weise gegeben sind. (Bei Bestellung [Verlag von Wilhelm Knapp in Halle a. d. Saale, Mühlweg 19] soll wegen Begünstigung auf die Ankündigung in diesem „Leitfaden" Bezug genommen werden.)

4. *Etwaige Fehler während des Zeichnens müssen unmittelbar nach der Wahrnehmung richtig gestellt werden; erst wenn dies geschehen ist, darf man weiterzeichnen.*
5. Sind *Einrichtungsgegenstände einzuzeichnen,* dann sollen sie der Einfachheit und des besseren Verständnisses halber *mit ihren Anfangsbuchstaben benannt* werden, (z. B. Tisch mit: T, Bett mit: B, Kasten mit: K, usw.).

3. Zeichnung einer Wohnung, eines Hauses.

1. *Der passendste Maßstab wird* auch hier das Verhältnis *100 : 1 sein,* (also 1 m am Gegenstand = 1 cm in der Zeichnung).
2. *Wenn möglich einen Bauplan beischaffen;* bevor ein solcher aber benützt wird, muß er erst auf seine Richtigkeit nachgemessen werden; (erfahrungsgemäß bestehen nämlich zwischen Plan und Wirklichkeit fast immer — wenn auch nur geringe — Unterschiede).
3. ***Wäre kein Bauplan vorhanden, dann mit einem möglichst in der Mitte des ganzen gelegenen Raume zu zeichnen beginnen;*** im übrigen wie bei der Zeichnung eines Einzelraumes.
4. Erwähnt sei schließlich, daß bei sehr alten wie bei ganz neuzeitigen Gebäuden keilförmige Mauern zu finden sind.

4. Zeichnung der Umgebung eines Hauses.

1. *Der Maßstab soll* der hier bedeutend größeren Ausdehnung der zu zeichnenden Fläche usw. *entsprechend angepaßt werden;* (vgl. auch den folgenden Unterabschnitt).
2. Die für die Zeichnung *nötigen Linien* sind am einfachsten *abzuschreiten* und die erhaltenen Maße nach dem angenommenen Maßstab *einzutragen.*

3. *Der Ausgangspunkt für die Zeichnung* (z. B. ein Gebäude, eine Straße usw.) *soll so gewählt werden, daß sich das übrige leicht anschließt.*
4. *Zur Darstellung von Gebäuden verschiedenster Art, sogen. Kommunikationen,* (Bahnen, Straßen, Wege, Flüsse usw.), *Kulturen und sonstiger Bodenbedeckungen benütze man die allgemein bekannten „Konventionellen Bezeichnungen"*[4]) *auch „Topographische Signaturen"*[5]) *oder „Aufnahmesignaturen" genannt,* wie sie auf Landkarten angewendet und erklärt sind.

5. Zeichnung eines größeren Teiles einer Landschaft, Geländedarstellung.

1. Die für die Zeichnung in Betracht kommende Fläche ist von einem guten Aussichtspunkte zu überblicken.
2. Sohin ist ihre Längen- und Breitenausdehnung abzugehen.
3. Die erhaltene Schrittzahl wird mit 8 multipliziert (1 Schritt = 80 cm), sohin die letzte Stelle abgestrichen, (z. B. es wären 700 Schritte, mit 8 multipliziert, gibt 5600, letzte Null abgestrichen, gibt 700 Schritte = 560 m).
4. Schließlich wird ein einfaches Verhältnis zwischen dem zu zeichnenden Stück Landschaft und dem vorhandenen Papier gesucht.
5. Bezüglich der Art und Weise, wie Bodenbedeckungen usw. dargestellt werden, siehe das oben unter Punkt 4 Gesagte.

6. Zeichnung eines Teiles einer Stadt.

1. In solchen Fällen bedient man sich womöglich eines (neuesten) *Stadtplanes.*

---

[4]) So heißen sie in Österreich.
[5]) So heißen sie in Deutschland.

2. *Was an Gegenständen eingezeichnet werden muß,* (z. B. Zusammenstoß der Straßenbahn mit einem von Pferden bespannten Wagen od. dgl.), *wird wie aus der Vogelschau gesehen dargestellt.*

7. Das Abformen fester Gegenstände.

Mitunter werden auch Gegenstände oder Spuren an solchen, die aus irgendeinem Grunde selbst nicht mitgenommen werden können, abzuformen sein, weil sie für die betreffende Strafsache von Wichtigkeit sind, (z. B. die Kante eines großen Tisches, auf welche jemand aufgefallen ist oder hingeschleudert wurde, wobei er sich tödlich verletzt hat, Spuren, welche ein Hieb, Stich, Schuß usw. an einem großen Gegenstand erzeugt hat u. dgl.).

Als *Abformmittel* kommt hiefür, wenn der abzuformende Gegenstand rauh ist, Wachs, Modellierton, Teig, weiche Brotkrume od. dgl. in Betracht, wenn er dagegen flach ist, gewöhnliches Lösch- oder Fließpapier[6]), auch sogen. Seiden- und Klosettpapier.

Der Vorgang ist einfach:

1. *Die Knetmasse wird gegen die abzuformende Stelle gedrückt und dies nötigenfalls so lange wiederholt, bis der Abdruck naturgetreu ist.*
2. *Das Papier wird gut befeuchtet* (aber nicht tropfend!) *aufgelegt und hierauf mit einer Bürste so lange draufgeklopft, bis sich das Papier der Unterlage vollkommen, d. h. an allen Stellen angepaßt hat, wenn es reißt, wird ein zweites, nötigenfalls ein fünftes* (womöglich mit etwas dünner Gummilösung bestrichenes) *Papier aufgelegt und wieder so niedergeklopft,* „zusammengeschweißt" *und so belassen, bis die ganze Schichte trocken und fest geworden ist; dann läßt sie sich leicht abziehen. Auch hier ist darauf zu sehen, ob der Abdruck naturgetreu ist.*

6) Das hiezu besonders geeignete sogen. „Abklatschpapier" wird derzeit nicht erzeugt.

7. Abschnitt.

Über Spuren.

1. Allgemeines.

Immer muß mit der Wahrscheinlichkeit gerechnet werden, daß der Täter am Tatort Spuren zurückgelassen haben kann, welche möglicherweise zur Aufklärung des Tatbestandes führen können.

Zwecks Sicherung von Spuren aller Art (vgl. auch den Abschnitt: „Das Vorgehen auf dem Tatort", S. 1) *hat folgendes zu geschehen:*

1. Leute, welche lediglich *Zuschauer* sind, *sind zum schleunigen Verlassen des Tatortes aufzufordern.*

2. Sodann ist der *Tatort* für den Zutritt weiterer Personen *abzusperren.*

3. *Leute, welche schon vor dem Eintreffen der Behörde auf dem Tatorte waren, sind zu fragen, wie sie die Sachlage angetroffen haben und ob und welche Veränderungen sie etwa vorgenommen haben,* (z. B. der Erhängte wurde bereits abgenommen und ins Bett gebracht, ein erbrochenes Fenster wurde inzwischen wieder eingeschnitten oder zerstreute Gegegenstände wieder eingeordnet usw.) *und warum dies geschah.*

4. *Sich von Erstdazugekommenen erzählen lassen, was sie zum Gegenstande anzugeben wissen und wo sie etwa schon selbst Spuren entdeckt haben.*

5. *Nunmehr sich vorstellen, wie der Hergang gewesen sein dürfte und mit dem Spurensuchen in zweckmäßiger Reihenfolge und planmäßig beginnen.*

6. *Nicht unnütz herumtreten (lassen)!*

7. *Im Zweifel lieber mehr als „Spur" ansehen und als solche behandeln,* als etwas, was vielleicht doch eine Spur sein könnte, einfach beiseite zu lassen.

8. *Wenn Spuren im Freien und unter Dach vorhanden sind, dann müssen in erster Linie die im*

Freien befindlichen (Blut-, Fuß- und sonstigen) *Spuren,* — weil diese den vernichtenden Einflüssen der Witterung ausgesetzt sind — *geschützt werden, erst dann hat man sich den in geschlossenen Räumen vorfindlichen Spuren zuzuwenden.*

2. Das Sichern von Spuren im allgemeinen.

Zweck des Sicherns ist, die Spur bis zum Abnehmen vor Beschädigung oder vor Vernichtung zu schützen; daher so schützen, daß dieser Zweck auch erreicht wird!

1. *Sind die Spuren in einem abschließbaren Raum vorhanden, so ist dieser vorderhand abzusperren,* um sich sogleich etwaigen im Freien befindlichen Spuren zuwenden zu können.

2. *Einzelne Spuren auf dem Fuß- oder Erdboden* sind durch (vorerst ausgeklopfte) Kisten, Körbe, Töpfe od. dgl. zu überdecken.

3. *Viele in kurzen Abständen aufeinanderfolgende Spuren auf dem Fuß- oder Erdboden* sind durch vorsichtig darüber gestellte Tische, Stühle od. dgl. zu schützen.

4. *Spuren an der Mauer* (z. B. Blutspritzer an der Wand) sind durch vorsichtiges Vorschieben von Einrichtungsgegenständen vor dem Abstreifen zu sichern.

3. Besonderes.

A. Fußspuren.

1. Das Aufsuchen von Fußspuren.

Der Abdruck eines insbesondere beschuhten aber auch eines nackten Fußes in aufnahmsfähigem (z. B. schnee-, staub-, kot- usw. bedeckten) Boden ist bekanntlich derart eigenartig und von anderen unterschiedlich, daß, zumal höchstens nur wenige in Betracht kommende Personen darauf hin untersucht werden, wohl immer mit Sicherheit gesagt werden kann, ob ein gewisser Abdruck von einem bestimmten Schuh oder Fuß erzeugt worden sein konnte. So ist die Bedeutung, welche Fußspuren auf dem Tatorte zukommt, eine natürlich ganz besonders große; vgl. das zu Beginn des Abschnittes unter „Allgemeines“ Gesagte.

a) Deutung von Fußspuren.

Aus dem sogen. „Gangbild“ (d. i. die Stellung der fortlaufenden einzelnen Fußspuren zueinander) lassen sich immerhin auch gewisse Schlüsse ziehen:

1. *Gerade gestellte, d. h. parallel zueinander verlaufende Fußspuren* deuten entweder

a) auf Leute, welche berufsmäßig Lasten tragen, und sich diese Gangart daher angewöhnt haben, auch wenn sie augenblicklich nichts tragen, oder

b) auf Leute, welche zur Zeit der Erzeugung dieser Fußspuren etwas Schweres trugen;

c) auf einem Boden, auf dem man leicht zu Fall kommt, (z. B. Glatteis, schmieriger Lehm) erzeugen auch Personen, welche sonst eine andere Fußstellung haben, solche Spuren.

2. *Einwärts gestellte Fußspuren* deuten einerseits

a) auf Leute, welche mehr oder minder ausgebildete O-Beine haben oder

b) auf Leute, welche unbeholfen sind.

3. *Etwas auswärts gestellte Fußspuren* deuten auf Leute (meist besseren Standes), die etwas auf ihren Gang halten.

4. *Besonders auswärts gestellte Fußspuren* deuten entweder

a) auf Leute, welche plattfüßig, oder

b) auf Leute, welche besonders „stark“, oder

c) auf Frauenspersonen, welche schwanger sind.

5. *Gleichbleibend sichtlich kleine Fußspuren* deuten entweder

a) auf Leute, welche alt oder krank (auch wenn sie von großer Körperlänge) sind, oder
b) auf Leute, welche vorsichtig auftreten müssen, (z. B. wegen Finsternis und unbekanntem Weg usw.), oder
c) auf Personen weiblichen Geschlechtes.

6. *Gleichbleibend sichtlich große Fußspuren* deuten auf Leute, welche sich in ihrem Beruf angewöhnten, große Schritte zu machen, (z. B. Eisenbahner, Berufsmilitärpersonen usw.).

7. *Gleichbleibende Ungleichheiten im Schritt* deuten auf Leute, welche hinken; (während der gesunde Fuß normale Schritte macht, wird der kranke nachgezogen und hinterläßt dabei im aufnahmsfähigen Boden meist noch [leicht erkennbare] Schleifspuren).

8. *Ausgesprochene Plattfüße* sind, namentlich wenn der Fuß nackt war, im aufnahmefähigem Boden an dem Fehlen der zwischen Ferse und Ballen sonst vorhandenen Wölbung bestimmt zu erkennen, der Abdruck ist in diesem Falle eben.

b) Vorgetäuschte (simulierte) Fußspuren.

Auf dem eigentlichen Tatort sowie in dessen Umgebung sind Fußspuren entweder sehr deutlich ausgeprägt, (vorausgesetzt, daß der Boden entsprechend aufnahmsfähig war) oder nur verstümmelt und daher als solche von Laien nicht zu erkennen. *Sehr deutlich ausgeprägt und an besonders sichtbaren Stellen vorhanden sind Spuren von beschuhten Füßen stets, wenn der Täter damit eine Irreführung der Nachforschung bezweckt.* Diesfalls sind folgende Möglichkeiten denkbar:

1. Es sind *sichtlich kleine Fußstapfen,* also Abdrücke von Frauenschuhen, vorhanden und doch wurde die Tat von einem Mann begangen;

2. es sind *sichtlich große Fußstapfen,* also Abdrücke von Männerschuhen, vorhanden und doch

wurde die Tat von einer Frauensperson begangen: Im ersten Fall will der Mann, welcher der Täter ist, den Verdacht der Täterschaft auf eine Frauensperson ablenken, im zweiten Fall will eine Frauensperson, welche die Täterin ist, den Verdacht der Täterschaft auf einen Mann ablenken.

Ist auf Grund dieser aufdringlich deutlichen Fußspuren der Verdacht rege geworden, daß die Tat dennoch dem anderen Geschlecht zuzutrauen ist, dann sind diese Fußspuren, Abdrücke soweit als möglich zu verfolgen: Der Mann wird in den Frauenschuhen bald wieder seine gewohnten großen Schritte, die Frau in den Männerschuhen naturgemäß wieder kleine Schritte gemacht haben; *kann dieses Mißverhältnis zwischen Spur und Schrittweite erwiesen werden, dann ist damit die versuchte Irreführung als solche entlarvt und ein wichtiger Fingerzeig gegeben.*

Außerdem sei noch hervorgehoben: *Wenn der Täter zwecks Irreführung auf seine eigenen Schuhe Frauenschuhe etwa aufgebunden hat,* wird sich auch das Bindemittel (Schnur, Riemen od. dgl.) im aufnahmsfähigen Boden abgedrückt haben; *wenn er aber in den ihm zu kleinen Frauenschuh geschlüpft ist,* konnte er nur auf den Ballen gehen, daher nur sogen. „Halbspuren" erzeugen.

2. Das Abformen von Fußspuren.

1. *Kein Abformen ohne vorheriges genaues Vermessen und Abzeichnen* (womöglich photographieren):

2. *Stets ist der deutlichste Abdruck des rechten und des linken Fußes für das Abformen herauszusuchen!*

3. *Nur wenn ohne Gefahr der Schädigung die betreffende Spur selbst mitgenommen* (z. B. aus dem Boden herausgestochen, herausgesägt) *werden kann, darf und soll dies geschehen, sonst ist sie abzuformen.*

4. *Vor dem Abformen sind etwaige sichtlich nachträglich dazugekommene Verunreinigungen* (wie

Halme, Steinchen, Erdstückchen usw.) *vorsichtig zu entfernen; angesammelte,* wenn auch noch so geringe, *Wassermengen sind mit Löschpapier aufzusaugen.*

5. *Trockene Spuren* (in trockener Erde, trockenem Lehm u. dgl.) *sind vor dem Abformen mit einem weichen Pinsel oder Wattebausch vorsichtig und gut einzufetten, dabei etwaige Fettansammlungen, wie sie sich dabei leicht bilden, geschickt auszutupfen.*

6. *Sichtlich feuchte Spuren* (in feuchter Erde, feuchtem Lehm u. dgl.) *werden nicht eingefettet.*

Als Mittel zum Abformen von Spuren im aufnahmsfähigen Boden kommen in Betracht:

1. *Für Spuren in Staub, Sand, Mehl u. dgl. trockenen Massen:* Stearin. *Vorgang:* Über die Spur wird eine Stearinkerze gehalten und hinreichend viel davon in möglichst dünnen Schuppen mit dem Taschenmesser abgeschabt. Dann wird möglichst nahe den feinen Teilchen ein brennendes Zündholz oder ein sonst heißgemachter Gegenstand gehalten, bis das Geschabsel geschmolzen ist und sich in der ganzen Spur verbreitet hat. Wenn nötig, wird die Stearinschichte verstärkt, indem über die betreffende dünne Stelle nochmals von der Kerze abgeschabt und geschmolzen wird. Die Masse wird bis zum Erkalten in der Form gelassen und dann vorsichtig herausgehoben. Das Reinemachen muß dann natürlich sehr sorgfältig geschehen, um die Spur nicht zu verletzen.

2. *Für Spuren im Schnee:* Tischlerleim. *Vorgang:* Gewöhnlicher Tischlerleim wird möglichst gut und dick abgekocht, und während des Erkaltens, d. i. während der Bildung der Haut, welche dann zu durchstechen ist, langsam in die Spur gegossen. Wenn die Masse hinreichend erstarrt ist — vollständige Festigkeit tritt erst nach mehreren Stunden ein — wird sie herausgenommen. Die Schneespur schmilzt nicht, wenn das Eingießen im angegebenen Augenblick geschieht. *Die Leimform ist*

aber unbedingt vor Hitze zu bewahren, daher in feuchte Umhüllung zu geben und (da sich die Gestalt leicht verändert) *sobald als möglich in Gips abzuformen.*

Für alle übrigen Spuren, d. h. für feuchte bzw. trockene, aber eingefettete, Spuren womöglich guten Gips, auch Wachs oder Schwefel verwenden. Im Notfall, d. h. wenn Gips, Wachs oder Schwefel nicht zur Hand wäre, kann auch sogen. Feldgips, Pech, Harz, Unschlitt, Lehm, das Weiche von frischem Gebäck oder angemachter Wasserteig zum Abformen verwendet werden.

3. *Für Spuren in feuchtem bezw. in trockenem, aber eingefettetem Boden wird am besten sogen.* „Bildhauer-", auch „Alabaster-", auch „Köllner-" oder „Parisergips" verwendet. *Vorgang:* In ein breites Gefäß (Schüssel, Topf od. dgl.) wird etwa 1½ Liter reines Wasser gegossen, dann ebensoviel möglichst trockenes Gipspulver gleichmäßig (nicht ruckweise!) auf die Wasseroberfläche gestreut und das Ganze fortwährend gerührt, bis der Brei einheitlich dick geworden ist. Dann wird er aus unmittelbarer Nähe in die Spur gegossen. Dabei ist darauf zu achten, daß der Brei die ganze Spur ausfüllt. Vorstehend genannte Menge ist für eine große Fußspur nötig, aber auch hinreichend. Nach etwa ¼ Stunde kann die Gipsform herausgehoben werden. *Das Abformen in Gips ist auch bei Kälte möglich; ist diese aber sehr groß, dann soll man in unmittelbarer Nähe ein Feuer so anmachen, daß die Spur von der warmen Luft bestrichen wird.* Betont sei nochmals, daß zuerst das Wasser in den Topf kommen muß und dann erst der Gips und ja nicht umgekehrt, da sich sonst Klumpen bilden!

4. *Für Spuren wie Punkt 3* kann auch Wachs verwendet werden. *Vorgang:* Das Wachs wird vollständig geschmolzen und im Zustande des Erkaltens — d. i. des Trübwerdens — in die Spur ge-

gossen. Erwähnt sei, daß der erhaltene Wachsabguß etwas kleiner ist als der ursprüngliche Abdruck.

5. *Für Spuren wie Punkt 3* ist auch Schwefel verwendbar. *Vorgang:* Etwa ½ kg Schwefel (schon für eine große Spur ausreichend) wird in einem eisernen Behälter im Freien über schwachem Feuer vollständig geschmolzen. Die bei Tag kaum sichtbare Schwefelflamme ist durch Bestreuen mit Asche oder Sand zu löschen, da die Spur sonst ausbrennt. Nach dem Erkalten kann der Abguß, der alle Einzelheiten sehr genau wiedergibt, herausgenommen und von etwaigen Verunreinigungen abgewaschen werden. Bemerkt sei, daß *das Abformen in Schwefel auch bei größter Kälte durchführbar* ist.

6. *Für Spuren wie Punkt 3* kann im Notfall auch sogen. Feldgips verwendet werden. Dieser ist aber sehr minderwertig, und muß vor Verwendung erst gebrannt werden, (nach Art wie Kaffeebohnen gebrannt werden). Das Brennen erfordert aber sehr viel Sorgfalt, denn durch zu langes oder zu starkes Erwärmen wird er gänzlich unbrauchbar.

7. *Für Spuren wie Punkt 3* ist im Notfall auch Pech oder Harz brauchbar; *Vorgang* wie beim Schwefel.

8. *Für Spuren wie Punkt 3* ist im Notfall auch Unschlitt zu gebrauchen. *Vorgang:* Unschlitt wird wie Wachs geschmolzen (vgl. Punkt 4) und in die Spur gegossen. Beim Herausnehmen ist das die Spur unmittelbar umgebende Erdreich vorsichtshalber auch mitherauszustechen, da der Abguß sehr gebrechlich ist. Erwähnt sei ausdrücklich, daß *Unschlitt nur bei niedriger Temperatur und für feuchte Spuren als Abformmittel verwendbar* ist.

9. *Für Spuren wie Punkt 3* ist im Notfall auch feiner Lehm zu verwenden. *Vorgang:* Er wird wie Teig abgearbeitet, geknetet und dann in kleinen gut angefeuchteten Teilen in die gut eingefettete

Spur gedrückt. Wohl selbstverständlich ist, daß *dieses Abformmittel natürlich nur bei sehr harten Spuren* genommen werden kann.

10. *Für Spuren wie Punkt 3* ist im Notfall auch das Weiche von frischem Gebäck oder angemachter Wasserteig brauchbar; der *Vorgang* ist derselbe wie der mit Lehm, Punkt 9.

Wenn der fertige Abguß von der Unterlage nicht loslösbar wäre, müßte der Abguß samt der Unterlage (mit mehreren rund herum angebrachten Spatenstichen) *vorsichtig von der Umgebung abgetrennt und herausgehoben werden.* Das nicht dazu gehörende Erdreich wird dann nach und nach abgebröckelt und die Spur schließlich mit einem nassen immer wieder gereinigtem Pinsel behutsam bestrichen, bis der Abguß rein ist.

Der erhaltene Abguß ist stets mit der Spur dahin zu vergleichen, ob beide in allen Punkten übereinstimmen: Ist dies der Fall, dann muß diese Tatsache ebenso vermerkt werden, wie wenn der gewonnene Abdruck (in genau zu bezeichnenden Punkten) vom Urbild abweicht.

B. Fingerabdruckspuren.

1. Das Aufsuchen von Fingerabdruckspuren.

Die heute nicht mehr angezweifelte Tatsache, daß es auf der ganzen Welt nicht zwei Menschen mit in allen Punkten übereinstimmenden Eigenheiten der feinen Linien auf der Innenseite der Fingerspitzen gibt, erklärt den ganz besonderen Wert, welcher diesem einfachen Identifizierungsmittel im polizeilichen Erkennungsdienste zukommt. Zudem bleiben diese feinen Linien vom zartesten Kindesalter bis zur völligen Auflösung des Leichnams in ihrer Anordnung (bis auf natürliche, durch das Wachstum bedingte Erweiterungen) erhalten.

1. *Vgl. zunächst das unter A Gesagte.*

2. *Falls Erstdazugekommene auf dem Tatort bereits Verschiedenes angerührt und daher Fingerabdruckspuren erzeugt haben, müssen,* um späteren zeitraubenden Erhebungen vorzubeugen, *auch diese abgenommen werden.*

3. Es empfiehlt sich sehr, *beim Suchen* nach solchen Spuren *Handschuhe anzuhaben.*

2. Das Abnehmen von Fingerabdruckspuren.

Wenn Fingerabdruckspuren

1. *auf festen Gegenständen sichtlich vorhanden und von dort abzunehmen sind, dann soll,* wenn dies nur irgendwie möglich ist, *die Unterlage bezw. deren Teil mit der betreffenden Spur selbst abgenommen und einstweilen vorsichtig verwahrt werden; wäre dies aber nicht möglich, dann ist z. B. nach dem* Schneider*schen Verfahren*[1]) *vorzugehen. Falls auch dieses nicht zur Hand wäre, ist der Gegenstand, auf dem sich solche Spuren befinden, vor dem Zutritt dritter Personen in Sicherheit zu bringen und daher bis zum Eintreffen entsprechender Hilfe behördlich zu versperren;*

2. *von Lebenden oder Leichen abgenommen werden sollen* — von letzteren muß dies, um für alle Fälle vorzubeugen, stets gemacht werden, auch wenn ihr Vorhandensein mit dem gegebenen Tatbestand scheinbar nicht zusammenhängt — *geschieht dies der Einfachheit halber auf gleiche Weise u. zw. entweder durch Aufdrücken der Fingerspitze auf ein Stück weiches, glattes Wachs, Staniolpapier, auf eine berußte Glas- oder Metallscheibe, auf fettes Papier oder erwärmtes Glas.*

Wenn auf der Hautoberfläche des Leichnams etwa ein blutiger Fingerabdruck entdeckt worden wäre, hätte der darauf aufmerksam zu machende

---

[1]) Zu beziehen durch den Erfinder, Polizeiphotograph Rudolf Schneider, Wien IX, Elisabethpromenade 7. (Gebrauchsanweisung dabei).

Amtsarzt die betreffende Hautstelle abzupräparieren, was lediglich ergänzend hier angeführt ist.

C. Blutspuren

Eingangsweise sei erwähnt, daß der Arzt aus Lage, Anzahl und Beschaffenheit der Blutspuren mitunter wesentliche Schlußfolgerungen für die Aufklärung des Tatbestandes zu ziehen vermag; es kommt derartigen Spuren gleichfalls besonderer Wert zu.

1. Das Aufsuchen von Blutspuren.

1. Vgl. *das unter A Gesagte.*

2. *Blutspuren sind entweder in gedeckten Räumlichkeiten oder im Freien zu suchen;*

im ersteren Fall wird das Suchen wesentlich erleichtert, wenn:

a) künstliches Licht (Taschenlampe, auch Petroleum- oder Kerzenlicht, im Notfall auch ein brennendes Zündhölzchen), ferner

b) ein großes, gutes Vergrößerungsglas verwendet und

c) der möglicherweise mit Blut befleckte Gegenstand bei schief einfallendem Licht betrachtet wird,

im letzteren Fall (im Freien) wird ein geschulter Polizeihund unter günstigen Umständen die in ihn gesetzten Erwartungen rechtfertigen können; vgl. Näheres S. 9.

3. *Nach Blut auch an leicht übersehbaren Stellen suchen,* (z. B. innere Kleidertaschen, Fingernägel des Verdächtigten [namentlich dort, wo sie eingewachsen sind], ferner am untern Rand der Tischplatte, des Sessels, am untern Schubladenbrett, an der Kehrseite des Teppichs, Tischtuches usw.), da sich der Täter dortselbst nach der Tat die blutigen Hände abgewischt haben kann; auch auf Gefäße, welche Waschwasser enthalten, (Waschbecken, Kübel u. dgl.) ist stets besonders zu achten, da sich der Täter darin die Hände gewaschen haben kann, endlich kann

blutiges Wasser auch im S-förmigen Wasserausgußrohr, in den Ritzen zwischen Fußbodenbrettern sein, usw.

4. *Wenn sichtlich erst vor kurzem Reinigungen vollzogen wurden,* (z. B. Kleider, Wäsche, Fußboden gewaschen worden sind, Wände übertüncht erscheinen od. dgl.), *ist dieser Umstand als immerhin verdächtig aufzuklären.*

5. *Bedenkliches ist zwecks späterer Untersuchung durch den Sachverständigen sofort sicherzustellen.*

6. *Blutspuren unterliegen* (durch Zeitablauf, Witterungseinwirkungen, Verschiedenheit der Unterlage usw.) *oft sehr bedeutenden Form- und Farbveränderungen, sind als Blutspuren daher nicht immer sofort kenntlich; umgekehrt erscheinen viele Flecken häufig täuschend blutähnlich,* (z. B. Rost-, Tabakflecken, Tropfen bestimmter Säfte und Säuren, auch eigenartige flächenähnliche Pilze usw.) *ohne mit Blut etwas gemein zu haben.*

7. *Wenn auffallenderweise keinerlei Blutspuren vorhanden wären, darf man sich von wohl gegründeten Vermutungen der Täterschaft keineswegs abbringen lassen,* denn der Täter kann — Blutspuren fürchtend — bei der Tat andere, ja vielleicht auch keine Kleidung angehabt haben, er kann sie sorgfältig gewaschen oder vernichtet haben.

2. Deutung von Blutspuren.

Blutflecken können am Tatort in verschiedenen Formen vorhanden sein und zwar: Als Blutlache, als Blutspritzer, als abgetropftes, als verwischtes und verschmiertes Blut.

1. Eine *Blutlache* deutet stets auf einen größeren Blutverlust, sehr oft sogar auf eine tödliche Verletzung hin;

2. *Blutspritzer* können entweder vom verletzten Blutgefäß herrühren, (wenn eine Schlagaderöffnung entstand, sind die Spritzer sichtlich groß,

zahlreich, von dicker Schichte und gewöhnlich bogenförmig angeordnet) oder sie können aus einer Wunde oder von einem blutbefleckten Werkzeug od. dgl. abgetropft sein.

a) Ist der Tropfen *kreisrund und strahlenförmig allseits ziemlich regelmäßig von kleineren Spritzern umgeben,* so deutet dies darauf hin, daß er von einem im Augenblick des Abtropfens im Zustand der Ruhe befindlichen Körper auf die wagrechte Unterlage gefallen ist, (war die Unterlage schief, so nimmt er natürlich längliche Form an);

b) ist der Tropfen *länglich, flaschenförmig,* so weist dies darauf hin, daß er von einem im Augenblick des Abtropfens im Zustand der Bewegung befindlichen Körper herstammt, falls die Unterlage wagrecht ist.

3. *Der triefende Körper hat sich in jener Richtung fortbewegt, wohin beim länglichen Tropfen die stets nur nach einer Richtung gelagerten Spritzer gleichsam wegweisend zeigen.*

4. *Je länger ein Spritzer, Tropfen ist, desto rascher war also die Bewegung des Körpers, von dem er erzeugt wurde.*

3. Das Abnehmen von Blutspuren.

Dies ist lediglich Sache des Arztes, daher hier nicht besprochen.

4. Sonstige Spuren.

Was alles unter „Sonstige Spuren“ zu verstehen ist, kann erschöpfend natürlich nicht aufgezählt werden, es seien nur kurz genannt: Eigentliche *Werkzeugspuren,* (wie solche aus Anlaß des gewaltsamen Öffnens verschlossener Gegenstände entstehen), *Spuren verwendeter* (Schuß-, Hieb-, Stich-) *Waffen* u. dgl., *Spuren von Fahrgelegenheiten* (Wagen zum Wegschaffen der Beute, Fahrrad, ja selbst Automobil zur Flucht des Täters usw.), *Spuren von* gestohlenen, davongetriebenen *Hausnutztieren* (Pferde, Rinder,

Ziegen, Schafe), die eigenartigen *Schleif-, Wurf- und Kratzspuren,* die Spuren, die man als *„Geller"* bezeichnet, Spuren, die bei einem Todeskampf in aufnahmsfähigen Boden zurückbleiben, usw.

All das muß gesucht, gegebenenfalls gesichert und für spätere Zwecke nach Möglichkeit erhalten werden; die Art, wie hiebei vorzugehen ist, ergibt sich aus den Umständen des einzelnen Falles.

---

8. Abschnitt.

Behandlung der corpora delicti.

Im nachstehenden soll und kann mit wenigen Worten allgemein und doch für jeden besonderen Fall zutreffend gesagt sein, wie *Gegenstände, welche im Verlauf der Erhebungen als zu dieser Strafsache (vermutlich) gehörig, beschlagnahmt wurden, corpora delicti,* behandelt werden müssen; wenn sie an Ort und Stelle nicht sicher verbleiben können, *müssen* sie:

1. *so verwahrt, verpackt werden, daß durch Rütteln, Reiben, Witterungsverhältnisse usw. so gut wie keine Schädigung zu befürchten ist.*[1]) (Die dazu notwendigen Umhüllungen und Befestigungsmittel müssen daher unbedingt beschafft werden);

2. *so bezeichnet werden, daß eine Irrung ausgeschlossen ist;*

3. *der zuständigen Stelle zwecks weiterer Verwertung unverzüglich übermittelt werden.*

---

[1]) So werden z. B. blutbefleckte Kleidungs-, Wäschestücke od. dgl. mit den Blutflecken nach innen zusammenzulegen oder zu rollen sein.

3. Besondere Straftaten.

Vorgetäuschte Verbrechen.

Jeder praktisch tätige Kriminalist weiß von Anzeigen über Verbrechen zu berichten, deren genaue Untersuchung schließlich ergab, daß sie aus irgendeinem Grunde vorgetäuscht waren. *Es ist daher bei der Klarstellung des Sachverhaltes in derartigen Fällen schon vom Anfang an besonders achtsam vorzugehen!*

Zu den häufig vorgetäuschten strafgesetzwidrigen Handlungen, welche ein kriminalpolizeiliches Einschreiten außerhalb der Amtsstube erfordern (können) und daher im folgenden zu besprechen sind, gehören aus dem Abschnitt der Vergehen gegen das Eigentum hieher: *Diebstahl* und *Brandlegung,* auch die *Münz- und Kreditpapierverfälschung,* aus dem der Vergehen gegen Leib und Leben *alle sichtlich oder möglicherweise gewaltsamen Gesundheitsschädigungen und Todesarten.*

---

1. Straftaten gegen das Eigentum.

9. Abschnitt.

Diebstahl.

Der Diebstahl gehört, obwohl eine sehr bedeutende Anzahl von solchen Begehungen aus verschiedenen Gründen bekanntlich gar nicht zur behördlichen Kenntnis gelangt, dennoch zu den meist verübten Straftaten und in erschreckend vielen Fällen bleibt der Täter unermittelt. Dieses unleugbare und beschämende Ergebnis hat nur zu oft seinen Grund darin, daß die Amtshandlungen bei sogen. „kleineren" Diebstählen leider minder gewissenhaft, größere Diebstähle aber meist sehr geschickt ausgeführt, die Erhebungen daher wesentlich erschwert sind. Um diesfalls nach Möglichkeit Wandel zu schaffen, gelte der Grundsatz: *Stets nach Kräften bestrebt sein, „positiv zu arbeiten", d. h. den Täter zu ermitteln.*

1. *Einen wesentlichen wohl immer richtigen Fingerzeig gibt die Besichtigung des Tatortes, daher ist es auch bei „kleineren" Diebstählen Pflicht des mit den Erhebungen betrauten Beamten, „auszurücken";* Näheres im Abschnitt: „Das Vorgehen auf dem Tatort", S. 1. Wenn man den Tatort mit eigenen Augen gesehen und alle zur Aufklärung nötigen Erhebungen gepflogen hat, kann einen selbst im Falle eines dennoch ergebnislosen Ausganges der Vorwurf eines lässigen Vorgehens wenigstens nicht treffen.

2. *Geschädigte und sonstige Auskunftspersonen sind so genau als möglich zu befragen, ob sie bezüglich des Täters vielleicht irgendwelche Vermutungen haben und worauf sie diese gründen;* auch anscheinend harmlose mit dem Sachverhalt möglicherweise aber doch im Zusammenhang stehende Besuche u. dgl. sorgfältig erheben, (z. B. ob scheinbar kranke, bettelnde Personen, Hausierer, angeblich „Stellensuchende", Leute, die sich als Handwerker, „Kontrollorgane" u. dgl. ausgaben und behaupteten, geschickt worden zu sein, um da oder dort „nachzusehen", vorsprachen und daraufhin in den Raum, in dem sich der [dann fehlende] Gegenstand befunden hatte, eingelassen wurden, oder ob der [dann] Geschädigte während der Zeit des verübten Diebstahls unter irgendeinem Vorwande vom Hause weggelockt worden war usw.).

3. *Vom Anfang an auch im Auge behalten, daß der Diebstahl möglicherweise auch vorgetäuscht sein kann; dieser Verdacht wäre gerechtfertigt, wenn sich unter den gestohlenen Gegenständen vorzugsweise fremde Wertsachen befanden, wenn der „Bestohlene" in Zahlungsschwierigkeiten, gegen Diebstahl hoch versichert war oder Sachen als entwendet angibt, die einen besonderen Wert besitzen und mit seinen Vermögensverhältnissen in keinem Einklang stehen, kurz,*

wenn sich der „Bestohlene“ aus seinem Vorgehen einen (bedeutenden) Vorteil verspricht.

4. *Besonders bei Einbruchsdiebstählen ergeben sich aus der Art und Weise des Vorganges* — wo und wie „Hinein“ und „Hinaus“, Behandlung des erbrochenen Behälters usw. — *oft wichtige Anhaltspunkte;* Näheres S. 16, P. 3; S. 17, P. 4; S. 18, P. 11; S. 19, P. 12.

5. *Alles vom Täter am Tatort Zurückgelassene besonders achtsam* — in schwierigen Fällen unter Zuziehung geeigneter Sachverständiger — *verwerten, weil damit vielleicht der einzige Anhaltspunkt für die Nachforschung gegeben sein kann; aber auch bedenken, daß solche Dinge auch* — und dann seitens eines geschickten Täters — *zur behördlichen Irreführung absichtlich zurückgelassen worden sein können.*

6. *Stets auch bedenken, daß trotz der erstatteten Diebstahlsanzeige nicht immer auch Diebstahl vorliegen muß: Der Gegenstand kann verlegt, ja auch verloren gegangen sein; umgekehrt werden manche abhanden gekommene Gegenstände als verloren bezeichnet, welche in Wirklichkeit (geschickt) gestohlen wurden.*

7. *Gestohlene im Besitz eines Andern vorgefundene Gegenstände müssen nicht immer auch dessen Schuld erweisen:* Sie können vom eigentlichen Täter oder dessen Mithelfer (aus verschiedenen Gründen) unterschoben worden sein; dazu sei bemerkt, daß in solchen Fällen nicht selten der eigentliche Täter den gestohlenen Gegenstand unter den Sachen des Andern „entdeckt“ — *man wird sich daher auch mit der Person des „Entdeckers“ zu befassen haben.*

8. *Eine möglichst genaue Beschreibung sowohl hinsichtlich der als Täter (vermutlich) in Betracht kommenden Personen* (an der Hand der Vorlage, S. 37), *als auch bezüglich des entwendeten Gutes* (Näheres S. 41) *in Erfahrung zu bringen trachten.*

9. *Hausdiebstähle* sind erfolgreich für gewöhnlich am schwersten aufzudecken und *sollen daher, um einerseits nicht Unschuldige zu verdächtigen, anderseits um nicht ergebnislos zu bleiben, nur von besonders erfahrenen Beamten ausgearbeitet werden.* (Erwähnt sei dazu, daß in den meisten Fällen [nämlich unbewußt] der Täter oder Mitwisser' zur Auskunftsperson gemacht, die Nachforschung daher vom Anfang an auf Abwege gedrängt wird.)

10. *Der Beweggrund zum Diebstahl kann mitunter ein außerordentlicher, augenblicklich unwahrscheinlicher sein,* (z. B. Aberglaube, die so häufige „Sammelwut", Eifersucht, Rache, Liebe u. dgl.); sorgfältiges Nachforschen in dieser Richtung wird, wenn auch mit Mühe und Zeitverlust verbunden, der Erfolg lohnen!

11. *Bisweilen werden Fragen, wie sie im Abschnitt: „Brandlegung",* (S. 70), *angeführt sind, sinngemäß auch hier angewendet werden können; es sei daher auch auf das dort Gesagte verwiesen.*

12. *Zur Lösung der Frage: Wer gegebenenfalls als Täter in Betracht kommt, sei zunächst auf das S. 15 Gesagte verwiesen;* ergänzend sei hier bemerkt, daß vielleicht auch *das alte Sprichwort: „Gelegenheit macht Diebe" auf die richtige Spur hilft. Bezüglich derjenigen Personen, welche als Täter möglicherweise in Betracht kommen, läßt sich vielleicht schon an Ort und Stelle erheben:*

a) ob sie einen ihre Verhältnisse übersteigenden Aufwand treiben;

b) ob sie für jemanden zu sorgen oder wen sie vielleicht zu unterstützen haben, (z. B. ein uneheliches Kind, Geliebte[n], Verwandte usw.), wozu sie mit ihren Bezügen nicht das richtige Auslangen finden;

c) ob sie etwa mit (aus gewissen Gründen) nicht einwandfreien Leuten in Verbindung stehen;

d) wie und wann sie den Gegenstand hätten fortschaffen und verwerten können, usw.

Endlich sei auch erwähnt, daß *Amtshandlungen gegen* etwaige *Hehler wohl stets unter Haft einzuleiten* sind.

10. Abschnitt.

Brandlegung.

Wie aus den nachfolgenden Aufstellungen erhellt, kann man bei ausgebrochenem Brand fast nie dessen Ursache im voraus mit voller Bestimmtheit angeben, denn es kann ebenso Brandlegung, wie Selbstentzündung sein. Ein selbst verwickelt erscheinender Tatbestand wird wohl immer völlig geklärt werden können, wenn die hier gegebenen Richtlinien entsprechend berücksichtigt werden, (zunächst sei Brandlegung und dann Selbstentzündung behandelt).

Vgl. zunächst den Abschnitt: „Das Vorgehen auf dem Tatort“, S. 1.

I. Brandlegung.

A. Absichtlich gelegter Brand.

Vom Anfang an im Auge behalten, daß der Brand auch absichtlich gelegt worden sein kann, u. zw. entweder:

1. Durch den *Eigentümer* des betreffenden Gebäudes od. dgl. selbst; daher erheben:

a) Wer ist derzeit Eigentümer desselben?,

b) ist immerhin auch nur die Möglichkeit vorhanden, daß er das Feuer selbst gelegt haben konnte?,

c) in welchen Verhältnissen (ob in geordneten oder mißlichen, unter fortwährenden Zahlungsschwierigkeiten) lebte er?,

d) war das Gebäude versichert?,

e) entsprach die Versicherungssumme annähernd dem vorhandenen Wert oder war sie etwa sehr hoch? (Eine sichtlich bescheidene Versicherungssumme oder gar die Tatsache des Nichtversichertseins rechtfertigt die Annahme, daß eigenes Verschulden ausgeschlossen werden kann),

f) ist die Versicherung schon seit Jahren gelaufen oder erst kurz vor dem Brand und noch dazu auf eine hohe Summe abgeschlossen worden?,

g) wie hat sich der durch den Brand Geschädigte im Augenblick der Verständigung oder des Bemerkens des Feuerscheins verhalten?, (War er gleichgültig?, erregt?, hat er sofort Rettungsversuche unternommen? usw.),

h) war der Geschädigte beim Feuerausbruch zugegen?,

i) war im Falle seiner Abwesenheit diese gerechtfertigt oder etwa absichtlich herbeigeführt?; (Befand er sich — gegen seine sonstige Gewohnheit — in entfernter Gegend, wo er sich in gesuchter Gesellschaft aufdringlich zeigte, um als anwesend sicher aufzufallen?),

k) hat der Geschädigte vielleicht kurz vor dem Brand wertvolle Einrichtungsstücke oder Vieh beiseite geschafft oder verkauft?,

l) an welcher Stelle ist der Brand ausgebrochen?,

m) war diese Stelle vielleicht versteckt, sodaß ein gelegtes Feuer nicht sofort bemerkt werden konnte und (durch Windunterstützung) für das rasche Umsichgreifen des Feuers vielleicht sehr günstig?,

n) mußte der Brand vom Geschädigten sofort bemerkt werden?,

o) ist das Feuer zu einer Zeit ausgebrochen, als auf die Unterstützung durch Nachbarn wenig oder fast nicht zu rechnen war?, (z. B. zur

Nachtzeit oder während der Erntearbeiten, Kirchweihfestes u. dgl.),

p) wäre der Brand leicht zu löschen gewesen?,

q) waren dadurch auch andere Gebäude oder gar Menschenleben gefährdet?

2. Durch eine *feindlich gesinnte Person;* daher erheben·

a) Kann als Täter etwa eine Person in Betracht kommen, welche dem Eigentümer besonders feindselig oder rachsüchtig gesinnt oder sehr neidisch ist oder die von ihm oder seinen Leuten anläßlich eines kleinen Ansuchens (z. B. um Nächtigung, Unterstützung od. dgl.) kurzweg abgewiesen wurde?,

b) und wenn, wie ist sie beleumundet und vermag sie ein einwandfreies Alibi nachzuweisen?

3. *Um ein anderes* (meist unmittelbar vorher verübtes) *Verbrechen zu verschleiern;* daher erheben: Sind etwa verdächtige Umstände, Anhaltspunkte gegeben, daß der Brand gelegt worden sein konnte, um die Spuren eines eben begangenen anderen Verbrechens (z. B. Mord, Raubmord, Plünderung usw.) zu verwischen?

4. *Durch Kinder oder halbwüchsige Personen;* daher erheben: Kommen etwa Kinder oder halbwüchsige Personen (beiderlei Geschlechtes), welche die Tragweite des Spielens mit dem Feuer nicht ermessen können oder wollen — etwa aus reiner Lust am Feuer und der damit verbundenen Tätigkeit der Feuerwehr — als Brandleger in Betracht?

5. *Von einem Menschen zu dem Zweck, um sich bei den späteren Löscharbeiten ganz besonders hervorzutun?*

Der Beweggrund zur Tat und damit auch der Täter ist leider nicht immer sogleich zu ermitteln.

Bezüglich der gelegten Brände sei noch bemerkt:

a) Daß sich der *Täter* — wenn es eine erwachsene Person ist — *meist in ziemlicher Entfernung von der Brandstätte auffallend bemerkbar macht, um sich ein Alibi zu schaffen;* für den Fall, als er dann der Brandlegung bezichtigt wird, wird er sich fortgesetzt auf seine Abwesenheit von der Brandstätte berufen, ohne zu bedenken, daß dieser besonders und immer wieder hervorgehobene Umstand ihn erst recht verdächtig macht. Kinder und halbwüchsige Personen bleiben — wenn sie die Täter sind — wohl stets in unmittelbarer Nähe des „Schauplatzes".

b) Hinsichtlich etwa gefundener *Reste von Zündanlagen* (siehe unten) *ist stets genau zu erheben, ob diese nicht vielleicht schon früher bei dem Verdächtigten vorhanden waren und gesehen wurden; wenn nicht,* wird der Vollständigkeit halber noch in einschlägigen Geschäften festzustellen sein, ob Derartiges durch den Verdächtigen gekauft wurde.

B. Durch Unvorsichtigkeit, Fahrlässigkeit oder höhere Gewalt entstandener Brand.

Vom Anfang an auch im Auge behalten, daß der Brand auch durch Unvorsichtigkeit, Fahrlässigkeit oder höhere Gewalt entstanden sein kann; daher erheben:

Ist das Feuer

1. etwa dadurch entstanden, daß bestimmte Räumlichkeiten (z. B. eine Mühle, ein gaserfüllter Raum od. dgl.) mit offenem Licht betreten wurden, wodurch sich die in der Luft befindlichen, leicht brennbaren Staubteilchen oder Gase plötzlich entzünden konnten, oder ist es

2. durch achtloses Wegwerfen eines noch brennenden oder glühenden Gegenstandes, (Zündholz, Rauchwarenreste usw.), oder

3. durch oft weitfliegende Raketenstücke, oder

4. durch Zusammenkommen von ungelöschtem Kalk mit Wasser, oder

5. durch Funkenflug aus einem Rauchfang, (auch Lokomotive usw.), oder

6. durch Blitzschlag entstanden?, usw.

2. Selbstentzündung.

Wenn immerhin auch nur die Möglichkeit einer derartigen Brandursache vorhanden ist, muß unbedingt und umgehend Rat und Entscheidung von geeigneten Sachverständigen eingeholt werden.

Zu unterscheiden ist: Selbstentzündung durch *physikalische* Ursachen und Selbstentzündung durch *chemische* Ursachen.

A. Selbstentzündung durch physikalische Ursachen; erheben:

a) Kann der Brand nicht auch ohne Zutun dritter Personen, „von selbst" u. zw. dadurch verursacht worden sein, daß Gegenstände vermöge ihrer besonderen Gestalt (z. B. eine kugelförmige gefüllte Wasserflasche, ein sogen. Rasier- [Hohl-] Spiegel, glänzende Metallschüsseln, tiefe, blanke Teller u. dgl.), darauffallende Sonnenstrahlen auffingen und dann auf einen bestimmten, zufällig in der Nähe befindlichen, leicht brennbaren Gegenstand einwirken ließen?

b) Kann der Brand nicht auch dadurch entstanden sein, daß schon vorgewärmte, brennbare, in unmittelbarer Nähe des geheizten Ofens befindliche Gegenstände plötzlich Feuer fingen?

c) Können vielleicht heißgelaufene Räder oder stark erhitzte Schwungriemen, Holzstücke od. dgl. die Brandursache gewesen sein?

B. Selbstentzündung durch chemische Ursachen; erheben:

a) Ist es gegebenenfalls möglich, daß der Brand durch bloße Vereinigung bestimmter (vielleicht sogar eigens hergerichteter) Mittel entstanden sein konnte?, (z. B. Schwefelsäure kommt mit sogen. schwedischen Zündhölzchen in Berührung),

b) waren ölige Pflanzenfasern vorhanden, (z. B. Watte, Werg, Baumwolle, Gewebe, Fäden u. dgl.), die sich von selbst entzünden konnten?,

c) konnte das Feuer durch erhitzten Kienruß, solchen Staub von guter Kohle oder bestimmtem Metall, durch erhitztes Benzin, Stroh, Heu u. dgl. verursacht worden sein?

d) Blitzschlag als Brandursache kann erfahrungsgemäß nur angenommen werden, wenn in nächster Nähe des entzündeten Gebäudes ein schweres Gewitter niedergegangen ist. — *Der Blitzschlag ist als solcher an bestimmten Merkmalen nachweisbar:*

α) Schwefelgeruch, allerdings nur vorübergehend bemerkbar,

β) „angelaufenen" Metallbeschlägen,

γ) magnetisch gewordenen Eisenteilen und — wo vorhanden und getroffen —

δ) zersplittertem Holz.

Die Brandstätte ist stets nach etwa gelegten Zündvorrichtungen abzusuchen. Solche Zündanlagen werden — um ja sicher zu wirken — bisweilen gleich an zwei oder mehreren Stellen aufgestellt: Eine davon bleibt trotz des Brandes oft zufällig erhalten.

Solche Zündvorrichtungen können sein:

1. Überreste von (gekauften oder selbst angefertigten) *Zündschnüren;*

a) auf Grund gefundener, sichtlich gekaufter Zündschnüre wird vielleicht deren Herkunft und damit möglicherweise auch der Käufer festzustellen oder gar als Täter zu überweisen sein,

b) bei sichtlich selbst angefertigten, d. i. zusammengenähten Zündschnüren (kommen besonders auf dem Lande vor) ist nebst der Zündschwammbeschaffenheit auch das Bindemittel von besonderer Wichtigkeit, da sich daraus seitens des Sachverständigen bisweilen sehr wesentliche Folgerungen ziehen lassen.

2. *Häufchenartig aufgelegte leicht brennbare Dinge,* (z. B. Papier, Stroh, Heu usw. mit kleinen Holzstückchen), „sichtlich nur zum Anzünden hergerichtet“, vielleicht noch mit einer in der Mitte befindlichen angebrannten, aber verlöschten Kerze.

3. Entsprechend angebrachte *Brenngläser* mit dahinter befindlichem leicht entzündbarem Zeug.

4. Bisweilen auch *elektrische Glocken mit fehlender* (weil abgeschraubter) *Schelle und daneben liegenden dünnen Glasscherben.*

5. Auch gewöhnliche sogen. *Wecker-* oder

6. sogen. *Tomasuhren.*

(In den Fällen 4—6 soll [auch auf eine bestimmte Stunde einzurichten] ein in einem Glasbehälter befindliches Mittel auf ein anderes feuerfangend einwirken; das Ausfließen dieser Flüssigkeit aus dem dünnen Gläschen wird durch das Schlagen des Hämmerchens ausgelöst).

Daß etwaige solche Überreste vorderhand behördlich sicherzustellen und entsprechend zu verwahren sind (Näheres S. 65), *sei nur der Vollständigkeit halber noch eigens erwähnt.*

Nach Abschluß der Amtshandlung sind die Erhebungsakten samt etwaigen Beilagen unverzüglich dem zuständigen Gerichte zu übermitteln; vgl. Punkt 25, S. 10.

11. Abschnitt.

Münz- und Banknotenfälschung.

Dieser Abschnitt wurde aus dem Grund behandelt und hier aufgenommen, um gegebenenfalls das Wesentliche mit wenigen Worten vor Augen zu haben. (Verfälschtes Hartgeld wird durch Prägung oder Guß hergestellt, Banknoten werden durch Handzeichnung [selten] oder auf photochemischem Wege nachgeahmt.)

1. Erkennungsmerkmale.

Anscheinend falsche oder verfälschte Geldsorten sind womöglich mit mehreren echten auf denselben Nennwert lautenden Münzen, bezw. Banknoten durch die Lupe zu vergleichen.

A. Bei fraglichem Hartgeld, (Münzen) ist insbesondere zu achten auf:

1. Die Rand*in*schrift, (ob diese etwa unregelmäßig ist oder gar fehlt);

2. Unreinheit und Undeutlichkeit der Erhabenheiten, besonders der Buchstaben der erhabenen Rand*um*schrift;

3. die Metallfarbe, (bei falschen Silbermünzen z. B. ist sie bleigrau oder auffallend hell);

4. den Metallklang, (bei echten Silbermünzen: „Silberklang“);

5. etwa „fettiges“ Anfühlen[1]), ein Hauptmerkmal verfälschter Münzen;

6. den Gewichtsunterschied, (auf sogen. Apothekerwagen nachweisbar);

7. die Metallhärte, (z. B. durch Reiben auf rauhem Stein, Ritzen mit dem Taschenmesser usw. erkennbar);

8. das Einwirken eines Magnetes auf das fragliche und auf sicher echte (im Nennwert gleiche) Geldstücke.

B. Bei fraglichen Banknoten ist besonders zu achten auf:

1. Die Papierstärke[2]) und -Größe;

2. etwaige sogen. Wasserzeichen[2]);

3. die Größe und Stärke der vorkommenden Buchstaben und Ziffern[2]);

---

[1]) Infolge überwiegenden Zinkgehaltes.

[2]) Wird die fragliche Note mit einer zweifellos echten teils übereinander gelegt, teils neben diese gehalten (z. B. auf die Fensterscheibe), so ergeben sich etwaige Unterschiede sehr deutlich.

4. die Ausführung der allegorischen Figuren, (falls solche mit der Hand gezeichnet wurden, sind sie fast regelmäßig irgendwo [besonders Gesicht, Hände, Füße] mißglückt);

5. das Farbenspiel.

2. Hausdurchsuchung bei Geldfälschung.

Siehe zunächst den Abschnitt: „Das Vorgehen auf dem Tatort", S. 1 und den Abschnitt: „Persons- und Hausdurchsuchung", S. 11.

Insbesondere ist auf etwaige (halb-)fertige Falsifikate sowie auf Gegenstände aller Art, wie solche erfahrungsgemäß zur Geldfälschung verwendet werden (können), besonderes Augenmerk zu lenken u. zw.:

A. Bei Hartgeldfälschung auf:

1. Gips, (wie solcher zur Herstellung der sogen. Matritzen [= zusammenklappbare Hälften mit dem Bilde der Vorder- bezw. Rückseite der Münze] gewöhnlich verwendet wird);

2. eiserne Gußlöffel;

3. sogen. Stichel, (Werkzeug zum Eingravieren, bezw. Ausbessern der Randinschrift);

4. Legierungsmetalle, (Zinn-, Zink-, Blei-, Kupfer-, Messing-, Bronze-Stücke; nicht selten werden auch Löffel u. dgl. aus sogen. „Britannia-Metall" umgegossen);

5. sogen. Königswasser, (womit eingelegte echte Goldmünzen unmerklich im Gewichte verringert werden).

B. Bei Banknotenfälschung auf:

1. Typendruckereien mit einer zu echten Banknoten passenden Schriftgröße;

2. Papier, welches echten Banknoten möglichst ähnlich ist;

3. passende Farbstoffe und Farbstifte;

4. photographische Platten mit versuchten eigenartigen oder sonst irgendwie bedenklichen Aufnahmen;

5. Zeichnungen, welche zu „Übungszwecken“, d. i. Versuchen angefertigt wurden.

Im Zweifel soll auch hier lieber mehr als bedenklich angesehen und daher vorderhand sichergestellt werden. Die etwa beschlagnahmten Sachen (siehe auch S. 65) *sind samt dem abgeschlossenen Erhebungsakt unverzüglich dem Gerichte zu übermitteln.*

---

2. Gewaltsame Gesundheitsschädigungen und Todesarten.[3])

1. Allgemeines.

Sicherheitsbeamte, welche Straßendienst versehen, kommen erfahrungsgemäß beruflich alltäglich in die Lage, bei plötzlichen Erkrankungen, Unglücks- und Todesfällen, namentlich wenn sich diese auf der Straße ereignen, einzuschreiten. Bald ist es eine reine Hilfeleistung, bald ein offenkundiges Verbrechen; nur zu oft aber ist der Sachverhalt anfangs ungeklärt, die Frage, ob eigenes oder fremdes Verschulden oder unglücklicher Zufall vorliegt oder plötzlicher Tod aus natürlicher Ursache eingetreten ist, kann nicht gleich beantwortet werden, ein Arzt ist in den seltensten Fällen sogleich zugegen, die Zeit drängt, der Beamte ist meist auf sich selbst angewiesen — in solchen Fällen braucht er einen sichern Ratgeber auch auf ärztlichem Gebiet: Ein solcher soll der Inhalt dieses

---

[3]) Die folgenden Ausführungen, deren Kenntnis für den praktisch tätigen Kriminalbeamten von so außerordentlicher Bedeutung ist, mußten aus dem Gebiet der gerichtlichen Medizin entlehnt werden; als Grundlage diente mir das in der Einleitung genannte, von Hofrat Univ.-Prof. Dr. Julius Kratter geschaffene vorzügliche „Lehrbuch“. (Der umfangreiche Stoff wurde für die besonderen Zwecke dieses Behelfes noch eigens umgearbeitet und die hier wichtigen Fragen so behandelt, wie sie der Kriminalbeamte auf dem Tatort braucht.)

Abschnittes sein. Man verstehe mich aber recht: Ich will damit keinesfalls etwa sagen, daß der nicht ärztlich geschulte Beamte dem Arzt vorgreifen soll, im Gegenteil, ich verlange bloß, daß der Sicherheits-, Kriminalbeamte gewisse ärztliche Kenntnisse lediglich deshalb vermittelt bekommen soll, um dem Arzt nicht „dreinzupfuschen“ und um die Sachlage bis zur Ankunft des Arztes wenigstens nicht gänzlich falsch einzuschätzen; gerade diese beiden Hauptpunkte sind es, von deren richtiger Behandlung der Erfolg der kriminalpolizeilichen Amtshandlung nur zu oft abhängt.

Wirkliche Unglücksfälle und wirkliche Selbstmorde können mit Körperverletzungen, die durch fremde Hand gesetzt worden sind und dann mit schwerer Gesundheitsschädigung, ja auch mit dem Tod der angegriffenen Person ausgehen, anfangs nicht nur viel Ähnlichkeit haben, sondern sogar gleiches Aussehen bieten; es kann plötzlicher Todesfall aus natürlicher Ursache vorliegen und den Anschein haben, als handle es sich um ein Verbrechen und umgekehrt: Es kann ein gewaltsamer Tod mehr oder minder gut verschleiert und eine Todesart vorgetäuscht sein, an welcher Sicherheits- und Strafbehörden keinerlei Interesse haben. *Aus dem Gesagten mag hervorgehen, daß es für die weitaus größere Mehrheit derartiger Fälle nicht angeht, im vorhinein sogleich und mit voller Bestimmtheit zu sagen, ob fremdes Verschulden zweifellos ausgeschlossen ist.* Mit Rücksicht auf diesen wichtigen Umstand wurden die zur Klarstellung des Sachverhaltes nachstehend gegebenen Anleitungen in übereinstimmenden Punkten gemeinsam behandelt, jedoch bei jeder Gesundheitschädigung und Todesart geteilt angegeben, welche Umstände für eigenes und welche für fremdes Verschulden sprechen; diese Art der Aufstellung ist also gerechtfertigt und — wie ich glaube — für den Praktiker auch die einzig richtige.

Es ist eine bekannte Erfahrungstatsache, daß, wo immer nur angängig, Todesfälle anverwandter oder bekannter Personen der Behörde gegenüber als „Selbstmord“ bezeichnet werden. Dies geschieht aus dem Grund, weil — ich sage es offen — die Behörde bei „Selbstmord“ meistens „nicht viel Wesens macht“ und bei der steten dienstlichen Überlastung den Fall „rasch abtun“ kann. Mit den hier schon geläufig gewordenen Beschwichtigungen, wie „Ein überspannter Kopf!“, „Wieder eine verkrachte Existenz!“ u. dgl. hilft man sich nur zu gern über etwa auftauchende Zweifel hinweg und — ist der „taktvolle“ Beamte gegenüber den Angehörigen des „Selbstmörders“ und sonstigen irgendwie beteiligten Personen, (z. B. dem Gasthofbesitzer, der im Falle eines in seinem Hause verübten und bekannt gewordenen Verbrechens einen Großteil seiner Gäste verlieren würde). *Nur auf Rechnung eines derart lässigen behördliche Vorgehens ist die beschämende Tatsache zu setzen, daß von den gesamten Todesfällen über ein Drittel auf diese sogen. „mysteriösen Selbstmorde mit unbekanntem Motiv“ fallen! Wie viele Verbrechen mögen da als „Selbstmorde“ verschleiert bis heute noch unentdeckt geblieben sein!? Wen schaudert nicht bei dem bloßen Gedanken an diese vielen ungesühnten Verbrechen!?*

Diese erschreckend hohe Anzahl solcher Selbstmorde auf das Mindestmaß herabzudrücken ist in erster Linie Aufgabe eines gewissenhaft vorgehenden Kriminalbeamten. Es soll damit nicht etwa gesagt sein, daß in derartigen Fällen r o h einzuschreiten und im vorhinein hinter jedem Selbstmord ein M o r d vermutet werden muß, *sondern lediglich immer wieder betont werden, daß der Beamte seinen verantwortungsvollen Dienst nach bestem Wissen und Gewissen versehen muß, und dies tut er, wenn er stets vom Anfang an die beiden Richtungen verfolgt: Der gegebene Tatbestand k a n n e c h t, er kann vielleicht* aber auch vorgetäuscht sein, (Näheres S. 6). Arbeitet er mit Zuhilfenahme der nachstehenden Anleitungen, so kann und wird dieser schreckliche Prozentsatz nicht aufrecht bleiben.

2. Besonderes.

Als oberster Grundsatz gelte und sei darum auch hier wiederholt: *Ergibt sich aus dem Sachverhalt, daß fremdes Verschulden zweifellos feststeht oder immerhin möglich ist, dann muß sofort die eigene vorgesetzte Stelle, der Arzt und — wenn die Weisung des Vorgesetzten ohne Gefahr am Verzug nicht abgewartet werden könnte — auch das zuständige Strafgericht auf dem kürzesten Wege hievon verständigt werden; nur wenn einwandfrei erwiesen erscheint, daß fremdes Verschulden völlig ausgeschlossen werden kann, darf eine gerichtliche Verständigung, Anzeige unterbleiben.*

Allgemeine Anleitungen zu Erhebungen bei anscheinenden Selbstmorden.

Für die Überprüfung der Stichhältigkeit eines anscheinenden Selbstmordes wären folgende allgemeine Richtlinien zu beachten:

1. *Festzustellen trachten, ob Selbstmordabsicht gegenüber dritten Personen oder in etwa zurückgelassenen „Abschiedsbriefen" geäußert wurde.* Es sind daher:

a) Personen, mit welchen der Selbstmörder in Beziehung stand (in erster Linie Anverwandte und Freunde), darüber zu befragen; dann ist

b) nach etwaigen Abschiedsbriefen zu suchen. Diese sind gewöhnlich derart hinterlegt, daß sie nicht unentdeckt bleiben können. Sie müssen jedoch immer — womöglich gleich an Ort und Stelle — auf ihre Echtheit überprüft werden, da der

Tatbestand auch vorgetäuscht, der Abschiedsbrief daher gefälscht sein könnte. Bezüglich der *Prüfung von Abschiedsbriefen* merken:

α) Erwägen, ob solche — nach Schriftzügen, Rechtschreibung, Stil usw. — von des Selbstmörders Hand tatsächlich geschrieben worden sein konnten und womöglich mit zweifellos echten Schriftstücken daraufhin vergleichen;

β) den Beweggrund zur Tat zu ermitteln suchen; wenn dieser deutlich angegeben ist, (z. B. eine bestimmte unheilbare Krankheit, wirtschaftlicher Zusammenbruch, schweres Familienunglück usw.), dann wird er auch leicht überprüfbar sein; ist er aber undeutlich, allgemein oder gar nicht angegeben, dann ist besondere Vorsicht ebenso geboten, wie wenn etwa sogen. „Amerikanisches Duell" als Todesursache angegeben wäre, welches bisher noch niemals erwiesen werden konnte;

γ) etwaige Widersprüche in Abschiedsbriefen (z. B. das Schreiben ist schon mit dem Datum des nächstfolgenden Tages versehen od. dgl.), kommen mitunter vor und sind eher ein Anzeichen der Echtheit.

2. *Erwägen, ob das für den Selbstmord gewählte Mittel mit dem Beruf des Betreffenden in gewissem Einklang steht;* (gemeint ist, daß Leute, welche z. B. beruflich mit Waffen zu tun haben, [z. B. Militär, Waffenhändler, Förster usw.] sich bei Selbstmordabsicht zweifellos erschießen werden, weil sie dieses Mittel als verläßlich, d. h. sofort todbringend kennen; Apotheker, Chemiker, Photographen, mitunter auch Ärzte usw. werden sich aus demselben Grund gegebenenfalls vergiften usw.).

3. *Wenn Verwandte des Selbstmörders gleichfalls durch Selbstmord aus dem Leben geschieden wären* — was immer erhoben werden müßte —

würde dieser Umstand sehr für die Echtheit des anscheinenden Selbstmordes sprechen.

4. *Mehrfacher (= kombinierter) Selbstmord* (d. h. zwei oder mehrere verschiedene Todesarten an einer und derselben Person) *kommt nicht selten* vor, (z. B. Erschießen und Erhängen, Erschießen und Ertrinken, Vergiften mit Erschießen und Erhängen; Näheres im zutreffenden Abschnitt, z. B. „Tod durch Erschießen“, „Tod durch Erhängen“, usw.).

5. *Bei sichtlich besonders qualvoller Todesart* (z. B. Verbrennung durch Anzünden der vorher mit brennender Flüssigkeit getränkten Kleidung, Tötung durch Beilhiebe auf den Kopf od. dgl.) *kann die Erklärung verschieden zu suchen sein:* Entweder

a) es liegt wirklicher Selbstmord vor, dann mußte der Täter geistig nicht gesund, religiös wahnsinnig oder sehr einfältig gewesen sein, oder

b) es ist eine Verunglückung gegeben, oder

c) es hat eine dritte Hand die Tat verübt und auf diese Weise nach Möglichkeit zu verschleiern versucht.

6. Wird *Selbstmord in Kleidern des andern Geschlechtes oder in eigenartiger sichtlich hergerichteter Umgebung vorgefunden,* so deutet dies darauf hin, daß der Selbstmörder entweder geschlechtlich unnatürlich veranlagt oder geistig nicht gesund war oder aus irgendwelchen Gründen besonderes Aufsehen erregen wollte oder — daß die ganze Aufmachung vorgetäuscht ist.

7. *Kinderselbstmord ist keine Seltenheit;* die Beweggründe sind hier meist lächerlich; Hofrat Kratter führt diesfalls an: „Schlechte Schulzeugnisse, Furcht vor Strafe, gekränkter Ehrgeiz über eine erhaltene Strafe, ja nicht selten unglückliche Liebe“.

8. *Falls Doppelselbstmord vorliegt,* (gewöhnlich ist es ein Mord und ein Selbstmord), *ist gleiche Todesart* (z. B. beide Teile sind erschossen), *ein Zeichen mehr für die Echtheit des Tatbestandes; un-*

gleiche Todesart (z. B. der eine Teil wird erschossen, der andere erhängt aufgefunden), *ist immer bedenklich und wäre aufzuklären.*

9. *Dem Vorhandensein oder Fehlen des zur Tat verwendeten Mittels (besonders der Waffe) kommt für die Frage, ob eigenes oder fremdes Verschulden anzunehmen ist, keine ausschlaggebende Bedeutung zu*[4]); es kann ebenso in einem zweifellosen Selbstmordfall die Waffe von dazugekommenen Personen (aus Bereicherung, Aberglauben usw.) gestohlen, wie einem nachgewiesenermaßen Ermordeten zur Vortäuschung eines Selbstmordes nachher in die Hand gedrückt worden sein. Der Täter kann die Waffe nach der Tat auch mit sich genommen, versteckt oder beseitigt haben.

10. Bisweilen kann auch die Erfahrungstatsache besonders wichtig werden, daß *der Selbstmörder das Bestreben hatte, den verübten Selbstmord zu verschleiern, um den Anschein eines natürlichen Todes zu erwecken.*

Über die *Frage, welche Schlüsse aus Verletzungen* gezogen werden können und ob sie vom Verletzten sich selbst beigebracht worden sein konnten, siehe Näheres im zutreffenden besonderen Abschnitt, (also z. B. „Schußverletzungen“ im Abschnitt: „Tod durch Erschießen“, usw.).

Über Leichenverletzungen und deren Erklärung siehe Näheres S. 36, 103 u. 125.

Die eigentliche Todesursache kann ärztlicherseits wohl immer und mit voller Bestimmtheit festgestellt werden; nötigenfalls geschieht diese Feststellung durch Leichenöffnung (Obduktion). Diesfalls ist zu merken:

---

[4]) Doch muß, falls ein Werkzeug, womit die Verletzung möglicherweise zugefügt worden sein konnte, auf dem Tatort oder in dessen Umgebung vorgefunden wird, die Beschlagnahme ausgesprochen und die Waffe mit dem Erhebungsakt unverzüglich dem Gerichte übermittelt werden; vgl. auch das über „Corpora delicti“, Seite 65, Gesagte.

1. *Bei „plötzlichen Todesfällen" stets erheben, ob der Verstorbene in ärztlicher Behandlung stand* — bejahendenfalls wird dieser Arzt nähere Auskunft über den Betreffenden geben können; *verstarb der Betreffende aber ohne ärztliche Behandlung und ist keinerlei Verdacht auf Mitschuld dritter Personen hervorgetreten, die wirkliche Todesursache aber festzustellen, dann ist die sogen. „sanitätspolizeiliche Obduktion" zu beantragen.*

2. *Wenn auch nur der Verdacht oder die Möglichkeit gegeben ist, daß eine dritte Person an dem Tod des Betreffenden irgendwie schuldtragend sein könnte, ist die sogen. „gerichtliche Obduktion" zu beantragen und im letzteren Fall der abgeschlossene Erhebungsakt samt etwaigen Beilagen sofort dem zuständigen Gerichte zu übermitteln.*

---

12. Abschnitt.

Verletzungen (Wunden).

1. Allgemeines.

Bevor auf die verschiedenen Todesarten im einzelnen eingegangen wird, seien einige allgemeine Bemerkungen vorweggenommen.

1. *Verletzungen (Wunden) lassen durchaus nicht immer einen völlig sicheren Schluß auf das Werkzeug, die Waffe, womit sie gesetzt wurden, zu, bisweilen paßt ursächlich wirklich Zusammengehörendes scheinbar nicht zueinander und umgekehrt;* daher keine voreilige Schlußfolgerung!

2. *Schnittwunden lassen sich als solche in der Regel durch ihre glatten Ränder und spitzen Winkel* (dem Eingang einer Säbelscheide vergleichbar) *erkennen.*

3. *Nicht immer müssen schwere Verletzungen als solche auch äußerlich erkennbar sein.*

4. *Wenn bei einer schweren Verletzung,* die gewöhnlich starken Blutverlust nach außen zur Folge hat, *kein Blut vorhanden wäre, so müßte dieser Umstand aufgeklärt werden;* die Erklärung mag vielleicht darin zu finden sein, daß das Blut durch eine dritte Person oder vielleicht sogar durch den Verletzten selbst beseitigt worden sein kann, daß die Wunde möglicherweise mehr nach innen geblutet hat, auch wäre es denkbar, daß ein vielleicht dazugekommener Hund das Blut aufgeleckt haben könnte.

5. *Wenn die Wunde vom Haarwuchs umgeben ist,* (z. B. eine Kopfverletzung), *vermag der Sachverständige aus der Beschaffenheit der Haare, welche anläßlich der Verletzung mitgetroffen und durchtrennt worden sind, bisweilen wichtige Anhaltspunkte für die Art des* (angeblich verwendeten oder gar fehlenden) *Werkzeuges zu geben.*

6. *Eine zickzackförmige Wunde auf einer faltenreichen Hautstelle* (z. B. Hals bei alten Leuten) *kann von einem einzigen Schnitt herrühren.*

2. Besonderes.

A. Tötung durch Schnittwunden.[1])

1. Halsabschneiden.

Siehe zunächst den Abschnitt: „Das Vorgehen auf dem Tatort“, S. 1.

Durch Halsabschneiden kann der Tod sowohl von eigener wie von fremder Hand erfolgt sein.

Selbstmord durch Halsabschneiden wird — vgl. auch das S. 82 Gesagte — anzunehmen sein, wenn:

1. Besonders die vorderen Körperteile (Vorderhals, Brust, Bauch) mit Blut arg befleckt sind,

---

[1]) „Lehrbuch“, insbes. Seite 362 ff.

die rückwärtigen dagegen nur wenige oder gar keine Blutflecken aufweisen;[2])

2. die Hand, die das Messer führte, stark blutbefleckt ist;

3. die Hände keinerlei Schnittverletzungen aufweisen;

4. nahezu immer mehrere Schnitte, „von denen nicht selten einzelne ganz oberflächlich, sichtlich zaghaft, sind, sodaß kaum die Haut durchtrennt ist", vorhanden sind.

Wenn der Selbstmörder

a) ein *Rechtshänder*[3]) war, wird die tödliche Schnittwunde hauptsächlich auf der linken Seite liegen und von der linken oberen Halsseite schräg nach der rechten untern verlaufen, und umgekehrt, wenn er

b) ein *Linkshänder*[3]) war, wird die tödliche Schnittwunde hauptsächlich auf der rechten Halsseite liegen und von der rechten oberen Halsseite schräg nach der unteren linken verlaufen.

An *mehrfachen (=kombinierten) Selbstmord* ist stets zu denken, wenn der Getötete z. B. mit einer Halswunde und geöffneten Adern, vielleicht auch noch mit Schnittwunden in der Ellbogenbeuge und Handgelenken gefunden wird oder mit Halsschnittwunden und Schußverletzungen u. dgl.

Mord durch Halsabschneiden wird anzunehmen sein, wenn:

---

[2]) Dies begründet Hofrat Kratter wie folgt: „Selbstmord durch Halsabschneiden kann kaum anders als in stehender oder sitzender Stellung und bei vorgebeugtem Hals bezw. rückgebeugtem Kopf ausgeführt werden. Oft geschieht dies vor dem Spiegel. Dabei muß nach Verletzungen der großen Halsgefäße der hervorstürzende Blutstrom hauptsächlich die vorderen Körperteile besudeln."

[3]) *Ob der Getötete rechts- oder linkshändig war, soll nach Möglichkeit einwandfrei festgestellt und dann mit den Wunden verglichen werden.*

1. Hauptsächlich die rückwärtigen Körperteile (Nacken, Hinterkopf, Schultern, Rücken) arg blutbefleckt sind, während an den vorderen Körperabschnitten wenig oder gar kein Blut vorhanden ist;[4])

2. eine Hand blutbefleckt, doch niemals „wie in Blut getaucht“ ist. Die Befleckung mit Blut rührt von Schnittverletzungen (meist geringfügiger Art) her, die das Opfer beim Versuch, den Stich des Angreifers abzuwehren, erhalten hat, wobei die Finger an der Beugeseite oder die hohle Hand verletzt wurden — *ein untrügliches Zeichen geleisteter Gegenwehr*;

3. nur eine aber tiefgehende Schnittwunde vorhanden ist. Die Schnittwunde durchtrennt meistens den Vorderhals, liegt also an den beiden Seiten annähernd gleich hoch; sie kann aber auch links tiefer bezw. rechts höher liegen, was dann von der Rechts- bezw. Linkshändigkeit des Angreifers abhängt. Doch ist zu merken: „Entscheidend ist die Verlaufrichtung allein allerdings durchaus nicht.“

Bezüglich des Fehlens oder Vorhandenseins des zur Tat anscheinend verwendeten Werkzeugs siehe Näheres S. 85.

2. Adernaufschneiden.[5])

Siehe zunächst den Abschnitt: „Das Vorgehen auf dem Tatort“, S. 1.

Selbstmord wird — vgl. auch das S. 82 Gesagte — anzunehmen sein, wenn:

---

[4]) Hofrat Kratter begründet dies wie folgt: „Das Halsabschneiden kann von fremder Hand stehend überhaupt nicht ausgeführt werden. Der Angegriffene wird überwältigt, zu Boden geworfen und es werden dem Liegenden und mehr oder weniger Wehrlosen die tödlichen Schnitte versetzt oder es handelt sich um schlafende oder irgendwie vorher betäubte Personen. Wird nun einem Liegenden der Vorderhals durchschnitten, so fließt das Blut nach rückwärts ab.“

[5]) „Es werden für das Adernaufschneiden jene Körperstellen gewählt, an denen sich schon nach der Laienkenntnis leicht erreichbare Blutgefäße nahe an der Oberfläche befinden, (z. B. Handgelenk, Ellbogen, seltener auch Kniekehle“).

1. Die Schnittwunden quer zu dem verletzten Glied verlaufen und an den Gelenksbeugeseiten vorhanden sind;

2. sie an kleiderentblößter Stelle beigebracht sind;

3. mehrfache, bisweilen sogar zahlreiche Wunden vorhanden sind, worunter sich „an einem und demselben Gelenk häufig parallel verlaufende, nahe aneinander gestellte, sichtlich zaghafte Einzelwunden finden; *das ist bei fremder Handanlegung ausgeschlossen.*"

An mehrfachen (= kombinierten) Selbstmord wäre auch zu denken, wenn die Leiche außer mit geöffneten Adern noch erhängt oder mit Schußverletzungen usw. gefunden oder mit solchen Verletzungen als Wasserleiche geborgen wird.

Bezüglich des Fehlens oder Vorhandenseins des zur Tat anscheinend verwendeten Werkzeuges siehe Näheres S. 85.

3. Bauchaufschlitzen („Harakiri").

Diese Todesart kommt in unseren Gegenden höchst selten vor.

Eigene Handanlegung (Selbstmord) wäre auf diese Weise wohl nur bei Geisteskranken und Trinkern denkbar und nur anzunehmen — vgl. auch das S. 82 Gesagte — wenn der Bauch, gegen den der Schnitt geführt wird, kleiderentblößt ist.

Fremdhändige Tötung liegt vor, wenn der Schnitt durch die Kleidung geführt wurde.

B. Tötung durch Hiebwunden (Erschlagen).[6])

Eigene Handanlegung (Selbstmord) wird — obwohl selten vorkommend[7]) — anzunehmen sein (vgl. auch das S. 82 Gesagte), wenn:

---

[6]) „Lehrbuch", insbes. Seite 364/5.

[7]) Denkbar sind nur Hammer- oder Beilhiebe gegen den Kopf.

1. Nur Vorderteil, Scheitel, etwa noch die Seitenteile des Schädels getroffen und die Wunden auf verhältnismäßig kleinem Raum (bisweilen nur handtellergroß) beisammen sind;

2. die Wunden für sich allein unausgiebig, aber meist in größerer Anzahl vorhanden sind;

3. sie durchweg parallel zueinander verlaufen.

Mehrfacher (=kombinierter) Selbstmord wäre auch hier denkbar, wenn verschiedene Todesarten vorliegen, z. B. Kopfhiebe und Erhängen, Kopfhiebe und Halsabschneiden, Kopfhiebe und Adernöffnen, Kopfhiebe und Schußverletzungen usw.).

Fremdes Verschulden kann angenommen werden, wenn die Hiebverletzungen:

1. Über den ganzen Kopf verteilt, daher auch an Hinterkopf, am Nacken, hinter den Ohren usw. vorhanden sind;[8])

2. (fast durchweg) sichtlich mit großer Gewalt gesetzt worden, dafür nicht so zahlreich vorhanden sind;

3. kreuz und quer durcheinander stehen.

Bezüglich des Fehlens oder Vorhandenseins der Waffe siehe Näheres S. 85.

C. Tötung durch Stichwunden (Erstechen).

Ausdrücklich erwähnt sei, daß *die Anzahl der Stichverletzungen für die Frage, ob eigenes oder fremdes Verschulden anzunehmen ist, nicht ausschlaggebend ist;* sie kann bei eigener wie bei fremder Zufügung eine ziemlich große sein.

Eigene Handanlegung (Selbstmord) durch Erstechen wird — obwohl selten — anzunehmen sein, (vgl. auch das Seite 82 Gesagte), wenn:

---

[8]) Dies erklärt sich daraus, daß das Opfer, um den Hieben nach Möglichkeit auszuweichen, fortgesetzt seine Stellung ändert.

1. Die Einstichöffnung kleiderentblößt d. h. Kleidung nicht durchstochen ist und

2. die Wunde(n) an einer Körperstelle vorhanden ist (sind), die der Betreffende selbst leicht erreichen konnte, (z. B. Herzgegend, Magengrube, Hals usw.);

3. bei vorhandenen mehreren Stichwunden

a) diese in gleicher Richtung verlaufen,

b) auf einem verhältnismäßig kleinen (handtellergroßen) Raume beisammen und

c) viele von ihnen sichtlich geringfügig sind.

Mehrfacher (= kombinierter) Selbstmord wäre denkbar, wenn z. B. vorliegen: Stichwunden und Halsabschneiden, Stichwunden und Adernöffnen, Stichwunden und Erhängen, Erdrosseln, Stichwunden und Ertrinken usw.

Fremdes Verschulden (Mord) durch Erstechen wird anzunehmen sein, wenn:

1. Kleidungsstücke (Rock, Weste, Mieder, Hemd, usw.) und vielleicht noch andere Gegenstände, die sich vor der Einstichöffnung befanden, (wie z. B. Notizbücher, Sacktücher usw.) durchstochen sind;

2. die Stichwunde(n) an einer Stelle vorhanden ist (sind), die der Betreffende von selbst kaum erreichen konnte, (z. B. im Rücken);

3. bei vorhandenen mehreren Stichen diese

a) kreuz und quer zueinander verlaufen,

b) arg verstreut sind (das Losstechen auf das Opfer, wo immer es zu treffen ist) und

c) fast durchweg schwerer Art sind;

4. etwa im Unterarm oder in der Hand Stichschnittverletzungen vorfindlich sind, sogen. „aufgefangene“ Stiche.

Stichverletzungen können, wenn sie gedeckt sind, mitunter auch übersehen werden; dies namentlich dann, wenn sie in geschickter Weise beigebracht wurden. Es sei daher auf folgende Körperstellen noch besonders hingewiesen, welche mit der Lupe abzusuchen wären: Brust (besonders Herzgegend) bei Erwachsenen und Hinterkopf bei Kindern. Brust- oder Kopfhaare, bezw. hängende Brust können ein natürliches Deckmittel für derartige kleine Stichverletzungen sein.

Bezüglich des Fehlens oder Vorhandenseins des zur Tat angeblich benützten Werkzeuges siehe Näheres S. 85.

Erwähnt sei schließlich noch die Erfahrungstatsache, daß Personen mit erhaltenem Herzstich (auch Herzschuß) „noch Eigenbewegungen und verständige Handlungen ausführen können; auf diese Weise erklären sich manche sonst unverständliche Handlungen, wie z. B. das Ordnen der Kleider“, nochmaliger Angriff auf den Gegner usw.

D. Tötung durch Schußwunden.[9])

Von Schußverletzungen besprechen wir nur den *Einschuß* und — wenn er vorhanden ist, auch — den *Ausschuß.*

Der Einschuß ist deshalb von besonderer Bedeutung, weil man daraus entnehmen kann, ob der Schuß aus unmittelbarer Nähe, also sogen. „Nahschuß“, oder aus größerer Entfernung, sogen. „Fernschuß“, abgegeben wurde.

Von Wichtigkeit ist auch die Form und Größe des Einschusses.

„Die Form des Einschusses ist teils kreisrund, mitunter aber sternförmig nach mehreren Seiten hin gerissen und unregelmäßig, auch schlitzförmig und oft ziemlich scharfrandig, daher Stichverletzungen ähnlich.

Die Größe des Einschusses ist in vielen Fällen kleiner als das verwendete Geschoß. Hat etwa besondere Sprengwirkung stattgefunden, (also z. B.

---

⁹) „Lehrbuch“, insbes. Seite 366/68.

eine Schädelzertrümmerung infolge eines ‚Blind-' oder eines ‚Wasserschusses' oder Überladung der Waffe), so ist die Einschußöffnung — wenn erhalten — groß, unregelmäßig, sternförmig und gerissen.

Der Ausschuß ist gewöhnlich größer als der Einschuß, meist schlitzförmig, nicht selten aber auch sternförmig und zackig gerissen."

Selbstmord durch Erschießen kommt beim männlichen Geschlecht sehr häufig, beim weiblichen dagegen sehr selten vor.

Selbstmord wird anzunehmen sein — vgl. auch das S. 82 Gesagte —, wenn:

1. Der Schuß gegen eine gewöhnlich unbedeckte oder absichtlich entblößte Körperstelle abgegeben wurde;

a) als stets unbedeckte Körperstellen, gegen welche die Schußwaffe gewöhnlich gerichtet wird, kommen je nach Rechts- oder Linkshändigkeit des Getöteten rechte bezw. linke Schläfe, die Stelle vor oder hinter dem rechten bezw. linken Ohr, die Stirnmitte, der Mund, die Mundhöhle und der Hals in Betracht. Mitunter schießt der Selbstmörder auch gegen Scheitel oder Hinterkopf;

b) als absichtlich entblößte Körperstelle[10]) kommt die linke Brustseite in Betracht; „Selbstmord wird fast immer durch Schuß in den Kopf oder die Herzgegend verübt, jede andere Einschußstelle, z. B. Unterleib oder rechte Brustseite, macht den Selbstmord schon mehr oder weniger unwahrscheinlich, schließt ihn aber nicht aus;"

2. der Einschuß an einer Körperstelle liegt, auf welche der Verletzte selbst ansetzen konnte; (würde sich z. B. der Einschuß im Rücken befinden, wäre Selbstmord wohl ausgeschlossen).

3. der Schuß aus unmittelbarer Nähe abgegeben wurde, also sogen. „Nahschuß" vorliegt.

---

[10]) D. h. Kleidung zurückgeschoben.

Der Nahschuß[11]) *ist als solcher durch folgende Kennzeichen kenntlich:*

a) „Sogen. Pulverschmauch, d. i. ein rußiger Belag in der Umgebung des Einschusses, (kann durch fremde Hand aber schon weggewischt worden sein, wodurch die in die Haut eingedrungenen Pulverkörner dann deutlich zum Vorschein kämen);

b) eingesprengte Pulverkörner,

c) versergtes Haar, (falls eben die Einschußstelle behaart ist),

d) sogen. Brandsaum, d. i. eine lederartige die Einschußöffnung umgebende Vertrocknung der Haut, gewöhnlich einige mm breit;“[12])

4. an der Hand — was aber nicht immer der Fall sein muß — eigenartige Verrußung zu sehen ist. Bei Schüssen, namentlich aus minder guten Waffen, legt sich nämlich an den Fingern der abdrückenden Hand als Folge der durch die Undichte entströmenden Pulvergase Pulverschwärzung an, mitunter auch an den Fingern der andern Hand, wenn — was nicht selten vorkommt — diese die Mündung der Waffe beim Andrücken an den Körper gehalten hat; dabei können auch Verletzungen an den

---

[11]) Gleichgültig ob Kugel- oder Schrotschüss.

[12]) „Die Entfernungen, bis zu welchen die Merkmale des Nahschusses ausgeprägt werden, sind wesentlich verschieden. Aus zahlreichen Versuchen geht hervor, daß unter Umständen schon auf eine Entfernung unter 50 cm diese Zeichen nicht mehr vorhanden sein können, während in anderen Fällen solche noch bis zu 150 und selbst 200 cm sich vorfanden. Es ist dies abhängig von der Pulvermenge und von der Pulversorte. Von den Zeichen des Nahschusses schwindet mit der Entfernung zuerst die Versengung, die schon bei einer Entfernung von 10 bis 15 cm nicht mehr vorhanden sein kann, dann schwindet die Pulvereinsprengung, die Pulverauflagerung und zuletzt der Pulverschmauch.“ Bezüglich der Schrotschüsse gilt: „Aus je größerer Entfernung der Schuß abgegeben wurde, um so größer ist die Streuung und um so geringer die Anzahl der Einzelwunden, die dann weit von einander abliegen können.“ („Lehrbuch“, Abschnitt: Schußverletzungen.)

Fingern entstanden sein, „die ein weiterer Beweis für die vorliegende Selbstentleibung sind".

Auch *Selbstmord mit Verwendung von Gewehren* kommt nicht selten vor; in diesem Falle wird mit der großen Zehe oder mit einer am Zügel befestigten Schnur abgezogen; der Selbstmörder müßte also eine solche Vorbereitung getroffen haben, worauf gegebenenfalls zu achten wäre.

An mehrfachen (= kombinierten) Selbstmord wäre zu denken, wenn der Erschossene mit den Kennzeichen des Nahschusses aus dem Wasser geborgen wird, wenn Erschießen mit Erhängen vorliegt, ferner Schuß und Halsabschneiden, Schuß und Adernaufschneiden, Schuß und Vergiftung, usw.

Ob eigene Unvorsichtigkeit oder Fahrlässigkeit durch dritte Personen die Ursache der Tötung ist, wird sich bei genauer Erhebung aller äußeren Umstände unschwer feststellen lassen.

Fremdes Verschulden (Mord) wird anzunehmen sein, wenn:

1. Die über dem Einschuß befindlichen Kleidungsstücke durchschossen sind;
2. der Einschuß an einer Körperstelle liegt, die von der eigenen Hand kaum getroffen werden kann, (z. B. im Rücken);
3. sichtlich „Fernschuß" vorliegt.

Schließlich sei noch erwähnt, daß auch bezüglich der Herzschußwunden dasselbe gilt, wie von Herzstichwunden; vgl. S. 93 Schluß des Absatzes.

E. Tötung durch stumpfe Gewalten.[13])

Hierher gehören insbesondere: Tötung durch *Abstürzen* (aus entsprechender Höhe) und *Überfahrenwerden* (vom anrollenden Zug).

Ob eigenes Verschulden, Verunglückung oder fremdes Verschulden vorliegt, wird sich auch hier durch polizeiliche Erhebungen bezw. Leichenöffnung

[13]) „Lehrbuch", insbes. Seite 369/70.

wohl immer feststellen lassen; vgl. auch das S. 85 Gesagte.

Erwähnt sei, daß *Selbstmord* durch Abstürzen namentlich beim weiblichen Geschlecht und bei Halbwüchsigen eine häufig vorkommende Todesart ist.

Beide Todesarten (Abstürzen wie Überfahrenwerden) *dienen nicht selten auch zur Verschleierung der tatsächlichen Todesursache,* (z. B. Erwürgen, Erdrosseln, Erschlagen, Vergiften, Erschießen usw.).

Auf einen wichtigen Umstand sei an dieser Stelle noch besonders hingewiesen: Namentlich in hochgestellten Familien wird bisweilen *„Touristenunglück mit tödlichem Ausgang"* oder *„Jagdunfall"* als Todesursache vorgeschützt, um die wahre Todesursache vor der Welt zu verschleiern. In solchen Fällen kann Selbstmord, ja vielleicht Totschlag oder sogar Mord vorliegen. *Man braucht nicht gleich im vorhinein ein Verbrechen anzunehmen, darf diese Möglichkeit aber auch niemals aus dem Auge lassen; keinesfalls darf sich der Beamte durch geschicktes Reden der an der Sachlage Beteiligten und deren Ansehen bei den nötigen Erhebungen beeinflussen lassen!*

Während beim Tod durch *Abstürzen* die äußeren Beschädigungen des Körpers gewöhnlich geringfügige sind,[14]) (die Todesursache ist dann schwere innere Verletzung), sind diese beim *Überfahrenwerden* fast immer geradezu furchtbare.

---

13. Abschnitt.

Vergiftung.[1])

Tod durch Vergiftung kann entweder absichtlich herbeigeführt worden sein (Selbstmord, Mord), oder

---

[14]) Doch kommen mitunter auch ganz bedeutende äußere Beschädigungen, ja „Verstümmelungen und Zermalmungen" vor.

[1]) „Lehrbuch", Seite 391 ff.

aus Fahrlässigkeit Dritter oder endlich aus eigener Unvorsichtigkeit erfolgt sein.

Vgl. auch den Abschnitt: „Vorgehen auf dem Tatort“, S. 1.

Welche dieser Möglichkeiten gegebenenfalls zutrifft, wird sich bei genauer Erhebung aller Begleitumstände wohl immer feststellen lassen.

Selbstmord durch Vergiftung — beim weiblichen Geschlecht die häufigste Selbstmordart, aber auch beim männlichen oft vorkommend — wird man zunächst in jenen Fällen annehmen können, in welchen ein Mittel verwendet wurde, das durch den Geruch oder Geschmack als „widerlich“ zu bezeichnen ist, „da sich ein solches Mittel zur Ausübung eines Mordes wohl nicht eignet“; vgl. auch das im folgenden Gesagte.

Bemerkt sei auch, daß mitunter „plötzlicher Todesfall aus natürlicher Ursache“ vorgeschützt wird, während in Wirklichkeit Giftselbstmord vorliegt, der aus gewissen Gründen eben verschleiert werden soll.

Mehrfacher (= kombinierter) Selbstmord durch Vergiftung wäre denkbar, z. B. Giftselbstmord mit Erschießen, mit Herabstürzen, mit Erhängen, mit Ertrinken usw.

Giftmord wird nicht selten mit einer anderen Todesart zu verschleiern gesucht: So wurde schon „Menschen, die ermordet worden sind, nachher Gift eingeflößt, um Selbstmord vorzutäuschen“.[2])

Es sei auch an dieser Stelle erwähnt, daß als Giftmörder vorwiegend eine Person in Betracht kommt, welche mit den Lebens- und sonstigen Verhältnissen des Opfers gut vertraut und meist in dessen unmittelbarer Umgebung ist.

---

2) „Doch kann bei der Leichenöffnung festgestellt werden, ob das Gift vor dem Tode oder nachher beigebracht worden ist.“

Vergiftungstod aus Fahrlässigkeit dritter Personen und aus eigener Unvorsichtigkeit kommt häufig vor. „Nicht selten handelt es sich um die Unkenntnis oder Verwechslung giftiger Mittel (wie giftiger Pilze, Kräuter, Früchte) mit Nahrungs- und Genußmitteln". Auch durch Fleischwaren sind Massenvergiftungen wiederholt eingetreten. Giftige Mittel, wie sie in jedem Haushalt zu finden sind, (z. B. Lysol, Benzin, Phosphorzünder usw.), können durch ungenügende Verwahrung, Kennzeichnung in die Hände Unkundiger gelangt sein und so Vergiftungen hervorgerufen haben.

Bemerkt sei schließlich noch, daß *auch der Aberglaube und die Dummheit der Bevölkerung bei Behandlung von Krankheiten, Wunden u. dgl. eine große Rolle spielt, und „Heilmittel" angewendet werden, die mitunter starke Gifte sind; auch zur Unterbrechung der Schwangerschaft (Leibesfruchtabtreibung) wird bisweilen das Undenkbarste verabreicht und — gläubig genommen. Es muß daher auch nach den angegebenen Richtungen hin genauestens erhoben werden.*

Woran sind Vergiftungen äußerlich als solche zu erkennen?

Vergiftungen sind als solche an mitunter sehr auffallenden äußeren Erscheinungen kenntlich, z. B.:

1. Besondere Hautfärbung, (z. B. hellrot bei Kohlenoxydgasvergiftung);

2. verschorfte (=„verbrannte") Lippen und Mundwinkel;

3. „lederartig vertrocknete vom Mundwinkel gegen Kinn und Hals herabziehende braune oder gelbe Streifen", (falls die Vergiftung mit einer ätzenden Flüssigkeit geschah);

4. „weißgrau verfärbte Mundschleimhaut;

5. auffallender (stechender) Geruch der Leiche, (z. B. nach Lysol);

6. besondere Farbe des erbrochenen Mageninhaltes.

Was hat bei Vergiftung außerdem noch zu geschehen?

Womöglich im Beisein des Arztes sorgfältig nach dem zur Vergiftung verwendeten Mittel[3]) *suchen* — über Hausdurchsuchung siehe S. 13 und S. 116 —, *also nach allem, was Gift ist, Gift sein oder enthalten könnte,*[4]) *insbes. auch nach restlichen Flüssigkeiten in Trinkgläsern, Fläschchen usw., nach Pulvern od. dgl., nach etwa erbrochenem Mageninhalt usw.*

Müßte der Kriminalbeamte eine derartige Hausdurchsuchung wegen Gefahr am Verzug ohne Arzt vornehmen und wäre er *im Zweifel, ob etwas Gift ist oder nicht, dann soll er auch hier lieber mehr als „bedenklich" ansehen und sicherstellen.*

---

14. Abschnitt.

Erstickung.[1])

„Erstickung ist die Aufhebung der Atmung; sie kann durch innere oder äußere Ursachen veranlaßt werden." Wir haben uns hier nur mit den letzteren zu befassen.

Als *Formen der Erstickung* unterscheiden wir: *die Strangulation* (Tod durch Erhängen, Erdrosseln, Erwürgen); *Tod durch Ertrinken und Andere Arten der gewaltsamen Erstickung* (Tod durch Verschluß der Atemöffnungen, Tod durch Verstopfen der Atemwege und Tod durch Behinderung der Atembewegungen).

Vgl. auch den Abschnitt: „Das Vorgehen auf dem Tatort", S. 1.

---

[3]) Um weitere Erhebungen (nach Herkunft, Verschulden Dritter usw.) einleiten zu können.

[4]) Dazu ist es unbedingt nötig, daß Aussehen und Wirkung insbesondere der einheimischen Gifte gekannt sind!

[1]) „Lehrbuch", Seite 482ff.

1. Die Strangulation.

„Strangulation ist die Erstickung durch Zusammendrücken der Luftwege am Hals.“

Je nach der Art und Weise, wie das Zusammenschnüren der Kehle erfolgt, unterscheidet man drei Arten: Das Erhängen, das Erdrosseln und das Erwürgen. (Bemerkt sei anschließend, daß Leute, welche auf eine dieser drei Todesarten zugrunde gehen, ein blaurot verfärbtes Gesicht haben.)

A. Tod durch Erhängen.

Selbstmord wird anzunehmen sein, (vgl. auch das S. 82 Gesagte), wenn:

1. Die erhängt angetroffene Person sich selbst so erhängen konnte, wie sie aufgefunden wurde.[2]) Sehr häufig findet sich eine Stellung, die man am besten mit „sich hinsinken lassen“ in diese oder jene Richtung bezeichnen kann, aus der ein rechtzeitiges Aufrichten des Körpers denkbar ist, wenn nicht sofort Bewußtlosigkeit eingetreten wäre;[3])

2. die Strangfurche (oder: Strangrinne)

a) sichtlich von diesem Strangmittel erzeugt wurde, dazu „paßt“, oder wenigstens erzeugt worden sein konnte; *die Strangfurche ist ein mehr oder weniger deutlicher Abdruck des verwendeten Strang-*

---

[2]) Dazu ein Beispiel: Ein Leichnam wird an der Zimmerwand hängend gefunden. Der Abstand zwischen Fußsohle und Boden beträgt etwa ½ m, zu seinen Füßen ist ein umgeworfener Sessel. Der Hergang ließe sich bisher auf natürliche Weise erklären: Der Selbstmörder hat den Sessel bestiegen, um in die Schlinge zu kommen und diesen dann beiseite gestoßen. Würde aber der Sessel fehlen, wäre Selbstmord in diesem Fall ausgeschlossen, da der Erhängte von selbst nicht in die Schlinge hüpfen konnte.

[3]) So erklärt sich auch mancher sonst unverständlicher Tod durch Erhängen bei einfältigen Leuten, wo man weder Selbstmord noch fremdes Verschulden annehmen kann; sie wollten einfach „probieren, welches Gefühl man so beim Erhängen hat“ und — konnten, weil bereits bewußtlos geworden, nicht mehr „zurück“.

mittels;[4]) so wird ein weiches Strangmittel immer nur eine breite, bisweilen nicht besonders deutlich ausgeprägte, für das freie Auge vielleicht gar nicht kenntliche[5]) Strangrinne erzeugen. Ein hartes Strangmittel, (z. B. eine Schnur, ein Draht usw.) wird dagegen immer nur eine tiefe und schmale unvergängliche Strangrinne entstehen lassen. Eine etwa unterbrochene Strangrinne wäre so zu erklären, daß das Strangmittel an der betreffenden Stelle nicht unmittelbar auf dem Hals auflag, sondern auf einem dazwischen befindlichen Gegenstand, (z. B. Bart, Kleidungsstücke od. dgl.);

Im Zweifel ist doppelte Vorsicht geboten!

b) unmittelbar unter dem Kieferknochen liegt und gegen den Nacken zu bergan steigt — ausgenommen bei fast liegender Stellung, wo sie den Hals fast kreisrund umläuft.

Mehrfacher (= kombinierter) Selbstmord, wobei eine Todesart das Erhängen ist, kommt nicht selten vor, z. B. Adernöffnen und Erhängen, Schußverletzung und Erhängen, Vergiften und Erhängen usw.

Mord durch Erhängen, *d. h. Aufhängen des noch lebenden Opfers,* kann, wenn auch sehr selten, so doch vorkommen.

Stets ist im Auge zu behalten, *daß Selbstmord durch Erhängen nicht selten vorgetäuscht wird, um die wahre Todesursache* (z. B. Mord durch Erdrosseln, Erwürgen, Vergiften, Erschießen), *womöglich zu verschleiern;* in solchen Fällen wird also das zuerst auf andere Art ums Leben gebrachte Opfer dann aufgehängt.

---

4) Man unterscheidet weiche und harte Strangmittel. Zu den weichen gehören alle Gattungen Tücher, dann Hosen, Röcke, Strümpfe usw.; zu den harten gehören: Stricke, Schnüre, Riemen, Drähte, Ketten usw. Weibliche Personen wählen häufig weiche Strangmittel.

5) „Dies ist dann der Fall, wenn ein weiches Mittel verwendet wurde, der Körper nur ganz kurze Zeit gehangen ist, abgenommen und in liegende Stellung gebracht (z. B. ins Bett gelegt) wurde, oder wenn bereits Fäulnis eingetreten ist.“

Äußere Verletzungen des Erhängten.

Etwaige äußere Verletzungen, wie sie der Körper des Erhängten nicht selten zeigt, müssen stets genau beachtet und aufgeklärt werden, da sie oft einen wichtigen Anhaltspunkt oder Beweis nach dieser oder jener Richtung ergeben können.

Solche Verletzungen können:

a) auf natürliche Weise entstanden sein: Der Leichnam kann beim Abschneiden (Abnehmen) des Strangmittels — namentlich wenn die Personen, welche dies veranlaßten, sehr aufgeregt oder ungeschickt waren — mitunter sehr beträchtliche Verletzungen erlitten haben, ja selbst Knochenbrüche sind schon vorgekommen, wenn der Leichnam zu Boden gefallen ist,

b) dadurch zustande gekommen sein, daß der Körper infolge der Windwirkung — wie dies bei im Freien oder auf dem luftigen Dachboden Erhängten vorkommt — an feste Gegenstände streifte oder anschlug,

c) von fremder Hand absichtlich oder unabsichtlich beigebracht,

d) durch Tiere, welche Zutritt hatten, (vgl. Näheres S. 36 u. 125), veranlaßt worden oder endlich ein Zeichen geleisteter Gegenwehr sein und zwar dann, wenn Hände oder Arme des Opfers verletzt sind.

Nicht unerwähnt soll bleiben, daß unter Umständen auch die *Art, wie das Strangmittel geknüpft ist,* (z. B. sogen. Weber-, Schifferknoten) wichtig sein und einen Anhaltspunkt für eigenes oder fremdes Verschulden liefern kann.

B. Tod durch Erdrosseln.

Zunächst sei ausdrücklich betont, *daß Erdrosseln und Erwürgen nicht dasselbe ist;* man spricht vom Tod durch Erdrosseln, wenn das Zusammenschnüren des angelegten Würgebandes „durch aktiven Zug herbeigeführt wird“; beim Erwürgen geschieht dieses Hemmen der Atmung durch den Druck der Hand, also ohne Würgeband.

Ob Tod durch Erdrosseln oder Erhängen vorliegt, läßt sich schon auf Grund des äußeren Befundes nahezu mit voller Sicherheit sagen; ausschlaggebend ist hiefür die Tiefe und Lage der Strangfurche:

1. Die Strangfurche verläuft beim Erdrosselten kreisrund um den Hals, steigt also nicht wie beim Erhängten im Nacken nach oben zu an, sie liegt

2. „auch im Nacken fast ebenso tief eingesenkt, wie im Vorderhals" und — was allerdings nicht immer genau zu unterscheiden ist, aber doch gesagt werden muß —

3. näher dem Rumpf zu, also „nicht so hoch, d. h. unmittelbar unter dem Unterkiefer, wie bei Erhängten."

Auch sei erwähnt, daß der Erdrosselte hochgradig blaurot im Gesicht ist, während der Erhängte eine bleiche Gesichtsfarbe hat.

„Tod durch Erdrosseln kann sowohl durch eigene, wie durch fremde Hand oder eine andere Kraft von ähnlicher Wirkung erfolgen.

Selbstmord durch Erdrosseln wird anzunehmen sein — vgl. auch das S. 82 Gesagte — wenn:

1. Der Knoten am Vorderhals liegt (bei Erhängten wohl ausnahmslos rückwärts) und

2. keinerlei Verletzungen am Kopf oder an den Händen ersichtlich sind.

Auch mehrfacher (=kombinierter) Selbstmord, wovon eine Todesart das Erdrosseln ist, kann vorkommen, z. B. Stichverletzungen mit Selbstmord durch Erdrosseln, Vergiftung mit Selbstmord durch Erdrosseln usw.

Mord durch Erdrosseln kommt namentlich an neugeborenen Kindern vor. Die Spuren am Hals können mitunter auch nur schwach ausgeprägt sein oder überhaupt fehlen; Näheres S. 102 Anm. [5]).

Die Erdrosselung kann mit oder ohne Betäubung ausgeführt werden. Betäubt werden vor der Erdrosselung erfahrungsgemäß gewöhnlich Erwachsene u. zw. durch Kopfhiebe, die sich an mehr oder minder bedeutenden äußeren Verletzungen erkennen lassen; Kinder, Wehr- und Bewußtlose, sowie Schlafende können auch ohne vorherige Betäubung überwältigt werden, weshalb sich bei diesen also möglicherweise keine Kopfverletzungen finden.

„Etwaige Verletzungen bei Erdrosselten können eine ähnliche Bedeutung haben wie die Verletzungen bei Erhängten"; vgl. S. 103.

C. Tod durch Erwürgen.[6])

Tod durch Erwürgen liegt vor, wenn das Unterbinden der Atembewegungen durch den Druck einer Hand (möglicherweise auch beider Hände) auf den Hals erfolgt ist.

Da Selbstmord durch Erwürgen ausgeschlossen ist, kann bei dieser Todesart nur fremdhändige Tötung in Betracht kommen.

Kennzeichen des Todes durch Erwürgen sind:

1. Stark blaurotes Gesicht,

2. deutlich sichtbare, zahlreiche Blutunterlaufungen, „Würgespuren"; diese können vorhanden sein:

a) am Hals, nebst blutigen Kratzwunden[7]) und Spuren der eingedrückten (halbmondförmigen) Fingernägel; doch können diese Kratzwunden und Nägelspuren mitunter u. zw. namentlich an Opfern weiblichen Geschlechtes

---

[6]) „Lehrbuch", Seite 503.

[7]) „Kratzwunden sind längliche, meist in der Mehrzahl vorhandene und dann in der Regel parallel gestreifte Abschürfungen der Haut, ein *wichtiges Zeichen geleisteter Gegenwehr.*"

fehlen, wenn des Täters Hand nicht unmittelbar den Hals des Angegriffenen berührte, sondern „Kleidungsstücke, wie z. B. Kopf- oder Halstücher, insbesondere Röcke, Schürzen u. dgl. über das Gesicht emporgeschlagen, also dazwischen waren“,

b) am Rumpf, „als Folge des Aufkniens auf die Brust“ des Opfers,

c) am Kopf, als Folge der Betäubungsschläge.

Bei Erwürgten finden sich auch die oft recht auffälligen Verletzungen und Zeichen geleisteter Gegenwehr; „diese anderweitigen Verletzungen können sich mitunter an sehr verschiedenen weit vom Hals abgelegenen Körperstellen finden“.

Sehr wichtig kann unter Umständen die Erfahrungstatsache werden, daß *man aus der Verteilung der Anzahl der Würgespuren fast mit Sicherheit einen Anhaltspunkt dafür erhält, ob der Täter ein Rechts- oder Linkshänder ist;* Hofrat Kratter sagt nämlich in seinem „Lehrbuch“ diesfalls: „Das Würgen geschieht fast immer mit der rechten Hand, so, daß der Daumen des Täters an die rechte, seine übrigen Finger an die linke Halsseite des Opfers zu liegen kommen. Es wird also die größere Anzahl dieser Druckspuren an der linken Halsseite, die kleinere rechts am Vorderhals liegen.“ Würde dieses Verhältnis umgekehrt gegeben sein, d. h. würde die größere Anzahl dieser Druckspuren an der rechten Halsseite, die kleinere links am Vorderhals liegen, so wäre die Annahme gerechtfertigt, daß der Täter ein Linkshänder sein müsse. Bisweilen wird der Täter, um seinen Erfolg rasch zu erreichen, auch mit beiden Händen zugreifen.

Erwähnt sei schließlich, *daß es zur Verschleierung der wahren Todesursache auch vorkommen kann, „daß das erwürgte Opfer nachhher aufgehängt wird, um Selbstmord durch Erhängen vorzutäuschen“.*

2. Tod durch Ertrinken.[8])

„Unter Ertrinken versteht man den durch Abschluß der Atemwege mittels einer Flüssigkeit herbeigeführten Tod.“

Wenn eine Wasserleiche geborgen wird, müssen folgende Möglichkeiten für die Todesursache ins Auge gefaßt werden. Der Betreffende kann:

1. Selbstmord verübt haben,
2. im Wasser tödlich verunglückt,
3. ertränkt worden,
4. eines andern gewaltsamen Todes (z. B. durch Erstechen, Erschlagen, Vergiften, Erschießen), gestorben und zur Verschleierung der wahren Todesursache ins Wasser geworfen worden sein.

Zu 1. Über die Berechtigung zur Annahme eines Selbstmordes siehe auch das S. 82 Gesagte.

Zu 2. Plötzlicher im Wasser erfolgter Tod aus natürlicher Ursache kommt erfahrungsgemäß häufig vor: Der Betreffende kann einen Schlag-, Ohnmachts-, epileptischen Anfall erlitten haben, an Herzlähmung gestorben sein, in berauschtem oder bewußtlosem Zustand ins Wasser geraten und so zugrunde gegangen sein, (dazu genügt mitunter eine sehr geringe Flüssigkeitsmenge!).

Zu 3. Mord durch Ertränken, also absichtliches unter Wasser Halten (zum mindesten des Gesichtes des Opfers) bis der Tod eintritt, „ist wohl nur bei Neugeborenen und bei Wehr- und Bewußtlosen denkbar“.

Wichtig ist auch der Umstand, daß gerade Wasserleichen bisweilen ganz bedeutende Verletzungen (nebst zerrissener Kleidung) haben, deren Entstehungsursache nach Möglichkeit festgestellt werden muß; Näheres im Abschnitt: „Leichenverletzungen“, S. 125 u. 103.

---

8) „Lehrbuch“, Seite 507.

Die Frage, welche Todesursache wirklich vorliegt und ob der Betreffende noch lebte, als er ins Wasser kam oder ob er schon als Leiche ins Wasser geworfen wurde, wird aus der nötigenfalls zu beantragenden Leichenöffnung wohl immer mit Sicherheit lösbar und damit jeder Zweifel zu beheben sein; die Frage, wie lange die Leiche im Wasser gelegen ist, kann vom Arzt meist nur annähernd beantwortet werden.

3. Andere Arten der gewaltsamen Erstickung. [9])

„Hieher gehören:

1. *Tod durch Verschluß der Atemöffnungen.* Dieser Verschluß wird von außen herbeigeführt und zwar durch Zuhalten von Mund- und Nasenöffnungen mit der Hand oder durch abschließende Einhüllung oder Bedeckung dieser Öffnungen (Polster, Decken, Tücher, Mutterbrust).

2. *Tod durch Verstopfung der Atemwege.* Der Abschluß der Atemwege erfolgt bei dieser Erstikkungsart von innen her.

3. *Tod durch Behinderung der Atembewegungen.* Die Atembewegungen werden durch einen auf dem Brustkorb lastenden Druck unmöglich gemacht."

Zu 1 (Tod durch Verschluß der Atemöffnungen):

Selbstmord ist auf diese Art so gut wie ausge*schlossen;* vgl. immerhin auch das S. 82 Gesagte;

Mord kommt auf diese Weise bei neugeborenen und kleinen Kindern nicht selten vor; auch wehr- und tief bewußtlose Personen können so ermordet werden.

Druckspuren in Form von Hautabschürfungen und Blutunterlaufungen, welche sich im Gesicht, um Mund und Nase zeigen, beweisen, daß die Atemöffnungen (durch Druck mit der Hand) gewaltsam verschlossen wurden; das Nichtvorhandensein solcher Druckspuren

---

[9]) „Lehrbuch", Seite 518 ff.

beweist noch nicht, daß keinerlei Gewalt gegen die Atemöffnungen ausgeübt wurde, da Druck mit weichen Gegenständen äußerlich nicht erkennbar ist, (siehe oben).

Im Bette tot aufgefundene Kinder können entweder durch das Beisammenschlafen mit Erwachsenen im Schlafe erdrückt worden oder eines natürlichen plötzlichen Todes gestorben sein.

Zu 2 (Tod durch Verstopfung der Atemwege):

Selbstmord ist hier *so gut wie ausgeschlossen;* vgl. immerhin auch das S. 82 Gesagte.

Mord Erwachsener auf diese Weise ist selten, dagegen kommt

plötzlicher Erstickungstod durch Speisestücke und Fremdkörper, welche in die Luftröhre geraten sind, häufig vor.

Zu 3 (Tod durch Behinderung der Atembewegungen):

Selbstmord ist auch bei dieser Todesart *so gut wie ausgeschlossen,* (vgl. immerhin auch das S. 82 Gesagte), dagegen kommt

Verunglückung und fahrlässige Tötung häufig vor; Fälle dieser Art sind Erdrücktwerden durch Verschüttung, Rutschen schwerer Gegenstände, lebensgefährliches Gedränge (Panik), usw.

Das Gesicht des so Getöteten, deren Brustkorb allseits oder bloß seitlich derart gedrückt wird, ist hochgradig blaurot verfärbt.

15. Abschnitt.

Andere gewaltsame Körperbeschädigungen und Todesarten.[1]

Vgl. zunächst den Abschnitt: „Das Vorgehen auf dem Tatort", S. 1.

---

1) „Lehrbuch", Seite 521 ff.

1. Verhungern.

Tod durch Verhungern ist entweder:

a) Absichtlich an der eigenen Person herbeigeführt (*Selbstmord* durch Verhungern), oder

b) absichtlich von einer fremden Person veranlaßt worden, (Kindesweglegung, sogen. „Engelmacherei" — siehe auch S. 114 —) und

c) unbeabsichtigt und zufällig erfolgt, (wie bei Verschüttung, Grubenunglück, Schiffbruch, Verirrung usw.).

Welche dieser Möglichkeiten gegeben ist, wird sich bei genauer Erhebung aller äußeren Umstände wohl immer unschwer feststellen lassen.

2. Temperaturwirkungen.

A. Die Wirkung zu hoher Temperatur.

1. *Verbrennung* ist die Wirkung hoher Temperatur auf den Körper. Es sei dazu bemerkt, daß man *drei Grade von Brandwunden* unterscheidet; 1. Grad: Rötung mit Schwellung der Haut; 2. Grad: Straffe, mit einer klaren Flüssigkeit gefüllte Blasen; 3. Grad: Haut und darunter liegende Gewebe sind schwarzbraun verkohlt.

2. *Sonnenstich* und *Hitzschlag*. Erkennungsmerkmale in schweren Fällen: Blasses Gesicht, matte Augen, bleigraue Lippen; oberflächliche Atmung, kaum fühlbarer Puls; Bewußtlosigkeit und Muskelkrämpfe.

B. Die Wirkung zu niedriger Temperatur.

Erfrierung. Erkennungsmerkmale: Bewußtlosigkeit, blasse Haut mit bläulichem Schimmer im Gesicht, auf Händen und Füßen; schwache, oberflächliche Atmung; kaum fühlbarer Puls; Körpertemperatur herabgesetzt, Gliedmaßen sehr brüchig; sehr häufig Erfrierungswunden u. zw. 1. Grad: Blaurote Verfärbung; 2. Grad: Schlaffe Blasen; 3. Grad: Frostbrand, d. h. schwarzbraune Verfärbung und mumienartige Schrumpfung der Gewebe. *In den meisten Fällen liegt wohl Verunglückung vor.*

3. Tod durch Elektrizität.

Wir unterscheiden die Wirkung des Blitzschlages und die der elektrischen Starkströme; „die Effekte beider Einwirkungen sind im Wesen gleich". Der vom elektrischen Strom Getroffene noch Lebende bietet das Bild der Ohnmacht, des Schlaganfalles, der Gehirnerschütterung, des Nervenschocks, der Erstickung. In allen Fällen können überdies Brandverletzungen aller drei Grade erfolgen.

A. Blitzschlag.

Blitzschlagverletzungen können sowohl tödlich, wie nicht tödlich verlaufen.

Bei tödlichen Blitzverletzungen zeigen sich folgende Veränderungen:

1. Verbrennung der Haut und der Haare; die Eintritts- und zumeist auch die Ausgangsstelle der elektrischen Kraft ist durch Verbrennung gekennzeichnet. Schußähnliche Durchlöcherungen sind namentlich an der Sohlenhaut wiederholt beobachtet worden. Meist bandartige Brandwunden, Brandstreifen auf Brust, den Armen, selten an den Beinen, die manchesmal spiralig verlaufen, oder es sind Brandflecke an verschiedenen, mitunter weit voneinander liegenden Körpergegenden.

2. Blitzfiguren; das sind bandartige, nicht selten zickzack an der Körperoberfläche hinlaufende Rötungen der Haut, die in blattartige Zeichnungen ausstrahlen. *Sie können mit keiner anderen Veränderung verwechselt werden und sind für den Blitzschlag unbedingt beweisend.*

3. Nebenbefunde an Kleidungsstücken und Gegenständen des Blitzverletzten. In einzelnen Fällen sind weder Brandwunden noch

Blitzfiguren vorhanden. Es fehlen also äußere Merkmale der vorliegenden Todesart gänzlich. *In diesen Fällen ist es von Bedeutung, Zerreißungen, Versengungen und Verbrennungen an Wäsche und Kleidungsstücken nachzuweisen,* die oft in unverkennbarer Entstehungsart vorliegen. Es können sich ferner an metallenen Gegenständen, die Blitzgetroffene bei sich trugen, *Abschmelzungen und Zusammenschweißungen vorfinden, Wirkungen, die so bezeichnend sind, daß sie auch bei vollkommenem Fehlen anderer Veränderungen am Körper die Todesart vollkommen sicherstellen. Eisen- und Stahlgegenstände,* wie Messerklingen, Schlüssel u. dgl., welche Blitzgetroffene bei sich hatten, *wurden magnetig,* was ebenfalls wichtig ist.

B. Starkstromwirkungen.

Bei tödlichen Unfällen gibt es folgende Befunde:

Äußerliche Verbrennungen sind an der Eintrittsstelle immer vorhanden, an der Austrittsstelle können sie fehlen. Am gefährdetsten sind Hände, Kopf und Hals. *Brandwunden verraten durch ihre längliche Form den Leitungsdraht; es können sich aber auch gerissene Leitungsdrähte spiralförmig um den Hals schlingen und dort tiefe, kreisrunde Brandwunden hervorrufen.*

Nicht unerwähnt sei schließlich, daß es auch *Selbstmord* durch Elektrizität, *(„Elektrischer Selbstmord")*, gibt.

4. Tod durch seelische Einwirkungen.

Der Vollständigkeit halber sei schließlich bemerkt, daß auch „heftige Gemütsbewegungen, Angst, Schreck, Zorn, selbst Freude, Erschütterungen auslösen können, die zu schweren Erkrankungen des Nervensystems, ja selbst zum Tode führen. Die Zahl solcher Todesfälle ist gering und erfolgt der Tod eines vollkommen gesunden Menschen durch seelische Einwirkungen wohl kaum".

16. Abschnitt.

Kindesmord.[1])

Vgl. auch den Abschnitt: „Vorgehen auf dem Tatorte“, S. 1.

Unter Kindesmord verstehen wir die durch die Mutter absichtlich bewirkte Tötung ihres neugeborenen Kindes.

Unter Umständen kann noch Kindesmord vorliegen, wenn das Kind erst einige Tage nach der Geburt getötet worden ist; es hängt dies mit dem Geburtsvorgang zusammen, der mitunter von sehr verschiedener Dauer ist. *Es sei dies deshalb erwähnt, damit eine an einem neugeborenen Kinde verübte Tötung nicht im vorhinein als Kindesmord bezw. Mord hingestellt wird.*

Es sei zunächst ausdrücklich hervorgehoben, daß bei neugeborenen und kleinen Kindern einerseits sehr häufig natürlicher Tod vorliegt, (z. B. infolge mangelnder Lebensfähigkeit, angeborener Erkrankung, Mißbildung, Sturzgeburt, unbeabsichtigter Verblutung beim Abnabeln, zufälligen Erstickens usw.); anderseits in diesem Lebensalter auch sehr oft Mord vorkommt; *die Todesart kann somit ebenso eine natürliche, wie eine absichtlich herbeigeführte sein, daher sei nochmals betont, daß bei solchen Erhebungen doppelte Vorsicht nötig ist.*

Auch hier müssen alle, selbst die kleinsten Nebenumstände, peinlich genau erhoben werden; so kann vielleicht in manchen Fällen die Tötungsabsicht daraus erwiesen werden, daß feststellbar ist, die Mutter habe schon während der Schwangerschaft — damals aber vergeblich — die Abtreibung der Leibesfrucht versucht; vgl. daher auch den Abschnitt „Fruchtabtreibung“, S. 115.

Durch diese sorgfältigen Erhebungen aller Begleitumstände kann vielleicht auch der *Beweggrund*

1) „Lehrbuch“, Seite 246 ff.

zur Tat festgestellt und damit diese selbst bewiesen werden:

1. War das Kind vielleicht unehelich, also für die Mutter eine „Schande", oder war es das Ergebnis einer heimlichen, vielleicht auch noch frühreifen Liebe oder stammte es aus unerlaubtem, ja strafgesetzwidrigem Geschlechtsverkehr, oder waren sonst „triftige" Gründe maßgebend, „daß es für immer beseitigt werden sollte und mußte?"; oder

2. war der Täter etwa vom Aberglauben derart befangen, daß er das Kind tötete, um in den Besitz gewisser Leichenteile zu gelangen, die nach seiner festen Überzeugung ihm „unerreichbare Vorteile" bringen sollten; oder

3. lag möglicherweise Bereicherungsabsicht durch sogen. „Engelmacherei" vor? („Ein Kind wird gegen einmalige Abfertigung als eigen angenommen", steht in der Zeitung. Um es los zu werden und vielleicht ein zweites „an Kindes Statt" annehmen zu können, wird dessen Tötung absichtlich aber auf möglichst unauffällige Weise herbeigeführt. Obwohl hier schon das Verbrechen des Mordes gegeben ist, sei diese Art des Verbrechens auch hier erwähnt).

Die Leichen absichtlich getöteter Kinder werden nicht selten zerstückt und so beiseite geschafft, so namentlich verbrannt, in den Abort, in die Senkgrube geworfen oder im Misthaufen oder sonstwo vergraben, Schweinen zum Fressen gegeben, usw.; gegebenenfalls müßte an solchen Stellen entsprechend nachgesucht werden; vgl. auch den Abschnitt: „Hausdurchsuchung", S. 13.

Etwaige Verletzungen an Kindesleichen können sowohl vor wie nach dem Tode entstanden sein; dies zu entscheiden ist natürlich ausschließlich Sache des Arztes. Bemerkt sei nur, daß solche Verletzungen auch auf natürliche Weise zustande kommen können; Näheres im Abschnitt: „Leichenverletzungen", S. 125 u. 103.

In allen Fällen, in welchen auch nur der (gegründete) Verdacht eines strafbaren Tatbestandes vorliegt, ist unbedingt die sogen. „gerichtliche Leichenöffnung" zu beantragen und der Erhebungsakt nach Abschluß unverzüglich dem Gerichte zu übermitteln.

17. Abschnitt.

Fruchtabtreibung.[1]

Vgl. zunächst den Abschnitt: „Das Vorgehen auf dem Tatort", S. 1.

Die Fruchtabtreibung (Vollendung und Versuch der Tat) gehört ebenfalls zu jenen Verbrechen, die viel öfter begangen werden als zur behördlichen Kenntnis gelangen. *Um derartige Verbrechen nach Möglichkeit der wohlverdienten Sühne zuzuführen, ist es notwendig, daß der Kriminalbeamte alle Fingerzeige, welche auf solche Verbrechen hinweisen, „von Amts wegen" aufgreift, in geeigneter Weise den Sachverhalt prüft und bei gegebener gesetzlicher Grundlage die Amtshandlung einleitet. Solche Fingerzeige sind z. B.* Gerüchte, wie sie sich hinsichtlich der einen oder andern Person in dieser Richtung verbreiten, öffentliche Ankündigungen in Tagesblättern (in unseren Gegenden gewöhnlich unter der Aufschrift: „Verschiedenes" oder „Krankenpflege", od. dgl.) in denen „hilfsbedürftigen Frauen diskreter Beistand" oder in mehr oder minder deutlichen Worten allerhand „absolut sichere Mittel" für den Wiedereintritt der ausgebliebenen monatlichen Regel angeboten werden. Daß in solchen Fällen der Verdacht der Leibesfruchtabtreibung rege gemacht wird, ist wohl naheliegend. Auch ist es zur Genüge bekannt,

[1]) „Lehrbuch", Seite 212 ff.

daß sich gewisse Hebammen, Kurpfuscher und — mitunter leider auch Ärzte — berufsmäßig mit der Abtreibung der Leibesfrucht befassen.

Voraussetzung für die Einleitung einer solchen Amtshandlung ist zum mindesten gegründeter Verdacht, für den Erfolg unverzügliches und geschicktes Einschreiten. Regel ist, daß *solche Amtshandlungen,* die immer mit der Vornahme von Hausdurchsuchungen verbunden sind, *nur am Beisein des Arztes durchgeführt werden dürfen.* Da es aber und zwar bei Gefahr im Verzug auch vorkommen wird, daß der Kriminalbeamte ärztlichen Beistand nicht rechtzeitig zur Hand hat und dennoch diese Amtshandlung muß vornehmen können, seien nachstehend die hier nötigen Richtlinien zusammengestellt.

Im einzelnen kommen hier folgende Fragen in Betracht:

1. Welche Abtreibmittel gibt es, wie sind sie erkennbar und wie werden sie angewendet?

2. Worauf gründet sich der Verdacht oder Beweis, daß solche Mittel angewendet wurden?

3. Wo ist nach Abtreibmitteln insbesondere zu suchen?

4. Was hat im Zweifel, ob etwas ein Abtreibmittel ist oder nicht, zu geschehen?

5. Was hat mit etwa vorgefundenen solchen Mitteln, Gegenständen, zu geschehen?

Zu 1. Welche Abtreibmittel gibt es, wie sind sie erkennbar und wie werden sie angewendet?

Es gibt innere und äußere Abtreibmittel, je nachdem, ob sie von innen aus wirken sollen oder äußerlich angewendet werden. Vor allem sei erwähnt, daß jedes innere Abtreibmittel, welches eine Wirkung, d. h. Unterbrechung der Schwangerschaft, auslöst, ein Gift ist; daher muß jedes derartige Mittel, wenn es „wirksam“ ist, eine Vergiftung hervorrufen.

1. Innere Abtreibmittel.

Die inneren Fruchtabtreibmittel sind entweder a) mineralische oder b) pflanzliche oder c) tierische.

a) Mineralische Abtreibmittel sind z. B. Phosphor, Arsen, Mineralsäuren usw.

b) Pflanzliche Abtreibmittel sind z. B. die frischen Sprößlinge des Sade- oder Sebenbaumes, (der in unseren Gegenden so häufig ist), Safran, Wacholder, Terpentinöl, Zedern-, Bernsteinöl, Mutterkorn usw., dann scharfe Gewürze, wie: Paprika, Pfeffer, Senf, Muskatnuß u. dgl.

c) Tierische Abtreibmittel sind z. B. die bekannten „Spanischen Fliegen“, das sind grünschillernde Käfer, etwa in der Größe der Bienen, welche getrocknet zu einem Pulver zerrieben werden.

2. Äußere Abtreibmittel.

Als solche gelten und werden angewendet: Heiße Dampfbäder, Fuß- und Vollbäder, meist mit scharfwirkenden Mitteln, wie: Asche, Senfmehl u. dgl. versetzt, reizende Fremdkörper, wie z. B.: Seife, Knoblauch, Gummiblasen (Präservative), u. dgl., welche mit reizenden Flüssigkeiten, besonders Glyzerin, gefüllt, in die Scheide eingelegt werden, Einspritzungen in die Gebärmutter, unter Verwendung gebräuchlicher Spritzen, Eihautstich unter Verwendung von Stricknadeln, Drähten, zugespitzten Holzstäbchen, Federkielen, Haarnadeln und Katheter, „Massieren“ der Gebärmutter, außergewöhnliche Körperanstrengungen, (z. B. schweres über den Kopf Heben, Springen), heftige Erschütterungen des Unterleibes (durch Schlagen, Stoßen) gegen denselben usw.

Zu 2. Worauf gründet sich der Verdacht oder Beweis, daß solche Mittel angewendet wurden?

Sorgfältige Erhebungen in der unmittelbaren Nachbarschaft, bei Personen (meist weiblichen Geschlechtes), welche mit der Betreffenden

„intim“ befreundet sind, vielleicht auch in einschlägigen Geschäften (Apotheken, Drogerien usw.), woselbst die Betreffende, die möglicherweise solche unzweideutige Mittel verlangt haben kann, Kunde ist, werden gewöhnlich Anhaltspunkte gaben. Auf etwaige Umstände, wie, daß die Betreffende über fortwährende Übelkeiten, wiederholt heftiges Erbrechen, starken Kopfschmerz, klagte und infolgedessen sehr häufig den Abort aufsuchte, wird naturgemäß besonderes Augenmerk zu lenken sein.

Zu 3. Wo ist nach Abtreibmitteln insbesondere zu suchen?

Aus dem Gesagten ergibt sich bereits, welche Abtreibmittel gewöhnlich in Anwendung kommen; wo sie in den verschiedenen Haushaltungen ihren Platz haben, läßt sich natürlich nicht im voraus sagen, doch sind sie meistens in sogen. Hausapotheken (= kleinen Wandkästchen), in Nachtkästchen, Tischladen usw. verwahrt. Manches Abtreibmittel ist nicht selten in einem unscheinbaren Apothekerschächtelchen, vielleicht auch noch unter harmloser Bezeichnung aufgehoben.

Nicht zu vergessen ist, daß gewisse Abtreibmittel (in gelöstem Zustande) vielleicht auch aus- oder weggeschüttet worden sein können, daher auch Ausgußrohr, Waschkübel und Waschbecken, Fußböden, kurz, wo derartiges sein kann, daraufhin untersuchen; vgl. auch die Abschnitte: „Aufsuchen von Blutspuren“, S. 62 und „Hausdurchsuchung“, S. 13.

Zu 4. Was hat im Zweifel, ob etwas ein Abtreibmittel ist oder nicht, zu geschehen?

Wie überall, wo irgend ein Zweifel besteht, ob ein Gegenstand für die betreffende Strafsache Wert haben kann oder nicht, dieser lieber beschlagnahmt und mitgenommen werden soll, ist es auch hier;

lieber mehr als „bedenklich" mitnehmen, als ein vielleicht unwiederbringliches Beweismittel zurücklassen!

Zu 5. Was ist mit etwa vorgefundenen Mitteln, Gegenständen zu tun?

Diese sind so zu verwahren, daß sie keinen Schaden erleiden können (Näheres S. 65) *und unverzüglich der in Betracht kommenden Stelle zu übermitteln.*

Nicht unerwähnt sei schließlich, daß bei *Leibesfruchtabtreibung auch Dummheit und Aberglaube der Bevölkerung eine große Rolle spielt,* Näheres S. 99.

Auch hier ist der Erhebungsakt nach Abschluß samt etwaigen Beilagen unverzüglich dem Gericht zu übermitteln.

18. Abschnitt.

Raubmord.

Vgl. zunächst den Abschnitt: „Das Vorgehen auf dem Tatort", S. 1.

Liegt (möglicherweise) Raubmord vor, so sind — um darüber rasch Klarheit zu bekommen — *Verwandte, Bekannte, Nachbaren usw. sofort darüber zu befragen, was der Getötete an Wertsachen (insbesondere Geld, Schmuck, Kleider, Wäsche usw.) besaß und wo er dies verwahrte; daraufhin ist* — nötigenfalls mit Hilfe dieser Auskunftspersonen — *am Tatort festzustellen, was davon (etwa) fehlt. Über abhanden gekommene Gegenstände ist eine möglichst genaue Beschreibung aufzunehmen;* Näheres S. 41.

Zur Ermittlung des unbekannten Täters — vgl. auch das S. 15ff. Gesagte — *erheben, wann, wo und von wem der Ermordete zuletzt noch lebend gesehen wurde, wer zur fraglichen Zeit in seiner Gesellschaft war, ob der Täter mit den Verhältnissen des Opfers sichtlich vertraut gewesen sein mußte oder ob es auch eine Gelegenheitstat gewesen sein konnte.*

Schließlich *nicht vergessen, daß Raubmord,* wenn auch selten, so doch *immerhin auch vorgetäuscht sein kann.*

19. Abschnitt.

Leichenerscheinungen.[1]

Sobald das Leben im menschlichen Körper erstorben ist, treten auch gewisse äußere Erscheinungen, Kennzeichen ein, die wir nach der Zeit des Entstehens *„Sterbezeiten"* bezw. *„Sichere Todeszeichen"* nennen.

Es ist auch für den Kriminalbeamten von Wichtigkeit, diese Kennzeichen zu kennen, um zu wissen, einerseits: Ob ein bestimmter Körper bereits sicher tot[2]) ist, also Wiederbelebungsversuche zwecklos wären und anderseits, welche Zeit seit dem Todeseintritt verstrichen sein kann; weil die (wenn auch nur annähernde) Feststellung dieses Zeitpunktes in vielen Fällen eine Grundlage für weitere Erhebungen bilden kann.

1. Sterbezeichen.

„Beim Sterben oder gleich nach dem Tode entstandene Erscheinungen sind:

---

1) „Lehrbuch", Seite 59.

2) Im Gegensatz zu „Scheintod". *Scheintod ist,* wie schon das Wort besagt, *der scheinbare Tod, während das Leben noch nicht völlig erloschen, also noch nicht dauernder Atmungs- und Herzstillstand eingetreten ist.*

Die *Möglichkeit eines bloßen Scheintodes* liegt vor:

1. In allen Fällen, wo noch, wenn auch nur sehr geringe, Lebenserscheinungen zu bemerken sind;

2. wenn der Tod ganz kurz vor der Beschau, insbesondere unerwartet und plötzlich eingetreten ist (besondere Beachtung verdienen deshalb Erhängte, Erwürgte, Ertrunkene, Erstickte, Erfrorene, vom Blitz oder elektrischem Starkstrom Getroffene, totgeborene, aber noch frische Kinder, sowie Personen, welche nach heftigen Gemütsbewegungen, Ohnmacht, epileptischen oder hysterischen Krämpfen *plötzlich* gestorben sind);

3. wenn, trotzdem schon einige Zeit seit dem vermuteten Eintritt des Todes verflossen ist, die Kennzeichen des Todes aber noch nicht eingetreten sind. („Lehrbuch", Seite 48.)

1. Aufhören des Pulses, des Herzschlages und der Herztöne;

2. Aufhören der Atembewegungen (= Heben und Senken des Brustkorbes) sowie aller willkürlichen und unwillkürlichen Bewegungen überhaupt;

3. Allgemeine Erschlaffung;

4. Unempfindlichkeit der Haut gegen Reize, des Augapfels gegen Berührung, der Pupille gegen Licht."

2. Sichere Todeszeichen.[3])

Mehrere Stunden nach dem Tode treten folgende Erscheinungen ein:

1. Kälte des Körpers, sogen. „Marmorkälte";

2. Totenflecke an den tiefliegenden Körperstellen. *Totenflecke sind ein untrügliches und auch nie fehlendes Kennzeichen des Todes; je länger Leichen liegen, um so stärker treten sie hervor.*

Bei Totenflecken unterscheiden wir a) die Zeit ihres Auftretens, b) ihre Lage und c) ihre Farbe.

a) Entstehungszeit der Totenflecke.

Totenflecke treten gewöhnlich 3—4 Stunden nach dem Tode in Form von kleinen, rundlichen oder streifenförmigen, zerstreuten Flecken auf, die allmählich zusammenfließen und dann bei gewöhnlicher Rückenlage über Nacken, Schultern, Rücken, Gesäß, Oberschenkel und Oberarm ausgebreitet, blaurote und violette Verfärbungen der Haut darstellen. Sie sind von der Umgebung nicht scharf abgegrenzt. „Ausnahmsweise treten Totenflecke sehr früh — schon 1—1½ Stunden nach dem Ableben — oder auffallend verspätet, erst nach 4, 6, 10 und selbst nach 15 Stunden auf. Es ist daher eine gewisse Vor-

[3]) „Lehrbuch", Seite 51 ff.

sicht geboten bei der Beurteilung der Zeit, welche vom Eintritt des Todes verstrichen ist."

b) Lage der Totenflecke.

Diese ist deshalb von Bedeutung, weil sie die Stellung der Leiche nach dem Tode anzeigt. So sind z. B. bei Erhängten die Totenflecke an den Beinen, Händen und Vorderarmen als den tiefsten Körperstellen am stärksten entwickelt; bei auf dem Bauche gelegenen Leichen sind sie dort entwickelt und fehlen am Rücken.

c) Farbe der Totenflecke.

Diese ist bedingt durch die Farbe des Leichenblutes; sie ist mehr oder weniger gesättigt bläulichrot oder violett und selbst bis schwarz, auch hellrot (z. B. bei Kohlenoxydgasvergiftungen), bei Erfrorenen oder in ungeheiztem Raume aufbewahrten Winterleichen und bei winterlichen Wasserleichen, rauchgrau bis braun sind die Totenflecke bei Vergiftungen nach bestimmten Giften.

Erwähnt sei schließlich, daß stark entwickelte Totenflecke niemehr vollständig verschwinden; sie blassen bei etwaigen nachträglichen Veränderungen der Leiche nur etwas ab. Kleine schwach entwickelte Totenflecke, wie sie z. B. beim Verblutungstod auftreten, können durch Veränderung der Leiche wohl auch ganz zum Schwinden gebracht werden.

„An Hautstellen, welche dem Druck ausgesetzt sind, kommen Totenflecke nicht zur Entwicklung, so an Schulterblättern und Gesäß bei gewöhnlicher Rückenlage, am Hals durch Hemdkrägen, aber auch an verschiedenen anderen Körperstellen durch den Druck eng anliegender Kleider, deren Faltungen oft abgeprägt sind."

3. Abplattung und Blässe der aufliegenden und gedrückten Teile;

4. Die sogen. Totenstarre, *gleichfalls ein unfehlbares Kennzeichen des eingetretenen Todes.*

Bei Leichen Erwachsener beginnt[4]) die Totenstarre durchschnittlich 2—3 Stunden nach dem Tode, bei Kindern viel früher, nicht selten schon nach 10 Minuten bis 1/2 Stunde. Dafür dauert sie bei diesen auch viel kürzer an, mitunter sogar nur Bruchteile einer Stunde, in der Regel 8—10, selten 24 und nur ausnahmsweise (bei starker Kälte) 36—48 Stunden. Sie kann daher bei Neugeborenen oft auch ganz übersehen werden. *Wärme kürzt die Dauer der Totenstarre ab, Kälte verlängert sie.* Einmal gelöste Totenstarre tritt nicht wieder auf.

Mitunter — es sind dies allerdings sehr seltene Fälle — *setzt die Totenstarre unmittelbar im Augenblick des Todes ein,* so daß Bewegungen und Stellungen des Lebenden durch augenblickliche Starrung der Muskulatur nach dem Tode festgehalten werden, (z. B. eigentümliche Stellungen, wie beim Essen, Trinken, Laufen usw., es sieht dann aus, als wollte der Tote noch essen, trinken, laufen usw.[5])

5. Vertrocknung der Haut an wunden und feuchten Stellen;

6. Nach 24 Stunden meist schon deutliche Fäulniserscheinungen."

Vertrocknung der Leichen: Ist Luft im Überschuß (reicher Luftwechsel) und Mangel an Feuchtigkeit vorhanden, (z. B. Dachboden), so fault die Leiche nicht, sondern sie trocknet aus, sie wird in eine Mumie verwandelt.

[4]) „Der Gang der Starre ist fast immer gleich; sie beginnt am Unterkiefer und Nacken, verbreitet sich von da über den Kopf nach abwärts, entwickelt sich dann an den Armen und zuletzt an den Beinen; 4—6 Stunden nach dem Beginnen, also durchschnittlich 6, 8—10 Stunden nach dem Tode ist sie bereits allgemein."

[5]) Wie sie vielleicht Mancher an der Front miterlebt haben wird.

20. Abschnitt.

Leichenverletzungen.

Wenn an einer Leiche Verletzungen gefunden werden, können diese entweder noch zu Lebzeiten des Toten gesetzt worden (vielleicht dessen Tod herbeigeführt haben), oder erst nach seinem Tode entstanden sein.

Nicht nur ob die eine oder die andere Möglichkeit zutrifft, d. h. ob die Verletzung vor oder nach dem Tode zugefügt worden ist, vermag der Arzt zu bestimmen, sondern auch mit mehr oder minder großer Sicherheit festzustellen: a) welcher von mehreren Verletzungen ein tödlicher Charakter zukommt, b) in welcher Aufeinanderfolge die als tödlich erkannten Verletzungen zugefügt wurden und c) welche von jenen vor den anderen den Tod tatsächlich herbeigeführt haben.

Doch wird es auch für den Kriminalbeamten gewiß nur von Vorteil sein, zu wissen, *wie solche Verletzungen Erklärung finden können, zumal sie hinsichtlich ihrer Entstehungsursache oft verkannt werden.*

Besonders häufig finden sich *Verletzungen an Wasserleichen;* vgl. auch S. 36 u. 103.

Es sind hier folgende Möglichkeiten gegeben: Die Verletzungen wurden:

1. Vom Ertrunkenen, der sicher aus dem Leben scheiden wollte, sich selbst beigebracht (sogen. mehrfacher Selbstmord, z. B. Aderöffnen mit Ertrinken, Erschießen mit Ertrinken, Vergiften mit Ertrinken);

2. absichtlich durch fremde Hand gesetzt;

3. durch Auffallen des Körpers auf feste Gegenstände (z. B. spitze Steine u. dgl.) erzeugt, als er ins Wasser sprang, fiel oder geworfen wurde, durch Anschleudern des vom Wasser fortgeschwemmten Leichnams an verschiedene Widerstände;

4. bereits im Wasser oder (nach dem Anschwemmen) auf fester Erde von allerlei Getier (Krebse, Fische, Ratten, Mäuse, Ameisen, Fliegen, Schwaben, Vögel usw.) durch Benagen oder Anfressen hervorgerufen;

5. bei Bergungsarbeiten (Einhaken von Werkzeugen zum Heranziehen des Leichnams);

6. bei Wiederbelebungsversuchen (durch ungestümes Zugreifen) zugefügt.

Sachregister.

(Die Ziffern bedeuten die Seiten.)

C

D

G

H

T

U

MIX

Papier | Fördert gute Waldnutzung

FSC® C083411

Kolibri 360 GmbH
Ferdinand-Jühlke-Straße 7
99095 Erfurt, Deutschland
produktsicherheit@kolibri360.de